Kohlhammer

Soziale Arbeit – kompakt & direkt

Herausgegeben von Rudolf Bieker und Heike Niemeyer

Eine Übersicht aller lieferbaren und im Buchhandel angekündigten Bände der Reihe finden Sie unter:

 https://shop.kohlhammer.de/soziale-arbeit-kompakt-direkt

Martina Hörmann,
Dominik Tschopp,
Joachim Wenzel

Digitale Beratung in der Sozialen Arbeit

Verlag W. Kohlhammer

Dieses Werk einschließlich aller seiner Teile ist urheberrechtlich geschützt. Jede Verwendung außerhalb der engen Grenzen des Urheberrechts ist ohne Zustimmung des Verlags unzulässig und strafbar. Das gilt insbesondere für Vervielfältigungen, Übersetzungen, Mikroverfilmungen und für die Einspeicherung und Verarbeitung in elektronischen Systemen.

Die Wiedergabe von Warenbezeichnungen, Handelsnamen und sonstigen Kennzeichen in diesem Buch berechtigt nicht zu der Annahme, dass diese von jedermann frei benutzt werden dürfen. Vielmehr kann es sich auch dann um eingetragene Warenzeichen oder sonstige geschützte Kennzeichen handeln, wenn sie nicht eigens als solche gekennzeichnet sind.

Es konnten nicht alle Rechtsinhaber von Abbildungen ermittelt werden. Sollte dem Verlag gegenüber der Nachweis der Rechtsinhaberschaft geführt werden, wird das branchenübliche Honorar nachträglich gezahlt.

Dieses Werk enthält Hinweise/Links zu externen Websites Dritter, auf deren Inhalt der Verlag keinen Einfluss hat und die der Haftung der jeweiligen Seitenanbieter oder -betreiber unterliegen. Zum Zeitpunkt der Verlinkung wurden die externen Websites auf mögliche Rechtsverstöße überprüft und dabei keine Rechtsverletzung festgestellt. Ohne konkrete Hinweise auf eine solche Rechtsverletzung ist eine permanente inhaltliche Kontrolle der verlinkten Seiten nicht zumutbar. Sollten jedoch Rechtsverletzungen bekannt werden, werden die betroffenen externen Links soweit möglich unverzüglich entfernt.

1. Auflage 2023

Alle Rechte vorbehalten
© W. Kohlhammer GmbH, Stuttgart
Gesamtherstellung: W. Kohlhammer GmbH, Stuttgart

Print:
ISBN 978-3-17-042176-9

E-Book-Formate:
pdf: ISBN 978-3-17-042177-6
epub: ISBN 978-3-17-042178-3

Vorwort der Reihenherausgeber*innen

Ergänzend zu klassischen Lehrbüchern geht es in der neuen Reihe »Soziale Arbeit – kompakt & direkt« um die vertiefende Bearbeitung spezieller Themen- und Fragestellungen aus der Sozialen Arbeit und ihren Bezugsdisziplinen, z. B. theoretische Konzepte, spezifische Methoden, Arbeitsfelder oder soziale Probleme. Kompakt und direkt heißt die neue Reihe, weil sie in der Präsentation der Inhalte auf das konzentriert ist, was Lernende über das ausgewählte Thema wissen und für Studienleistungen und Prüfungen zielgenau aufbereiten können sollten.

Zielgruppen der Reihe sind jedoch nicht nur Studierende im Bachelor- oder Masterstudium, sondern auch Berufseinsteiger*innen und Praktiker*innen, die autodidaktisch oder in Fortbildungen Anschluss an den aktuellen wissenschaftlichen Diskurs halten wollen.

Der fokussierte Zuschnitt der Bände spiegelt sich in einem innovativen Buchformat, das Leser*innen Überschaubarkeit im Umfang und eine gut strukturierte Textpräsentation bietet. Zentrale Sachverhalte werden anhand von Praxisbeispielen und Abbildungen veranschaulicht. Didaktische Elemente wie Begriffserläuterungen, Textcontainer, Reminder, Essentials, kurze Zusammenfassungen, Piktogramme etc. erleichtern das Erfassen, Speichern und Wiederaufrufen der Inhalte.

Die Autor*innen der Bände sind durch ihre wissenschaftliche Expertise ausgewiesen, schreiberfahren und stehen i. d. R. mit Studierenden und Praxisfeldern in engem Kontakt.

Rudolf Bieker und Heike Niemeyer, Köln

Zu diesem Buch

Die Beratung im digitalen Setting verbreitet sich zunehmend in der Sozialen Arbeit und angrenzenden Feldern, was durch die Corona-Pandemie noch beschleunigt wurde. Insofern erscheint es uns sinnvoll einen Band vorzulegen, der die wesentlichen Punkte anspricht und so Studierenden der Sozialen Arbeit sowie Fachpersonen einen Einstieg in das Thema und einen kompakten Zugriff auf relevante Wissensbestände ermöglicht.

Das Autor*innenteam hat sich zusammengefunden in gemeinsamen Projekten zur Beratung im digitalen Setting. Der sie verbindende Forschungs- und Arbeitsschwerpunkt zum Thema Blended Counseling der Fachhochschule Nordwestschweiz (FHNW) existiert seit 2014. Blended Counseling zielt auf die systematische Kombination von digitalen und analogen Settings in der Beratung. Dieses Format hat in den vergangenen Jahren enorm an Zuspruch gewonnen, weil sich für viele Praxiseinrichtungen der Sozialen Arbeit die Frage stellt, wie bewährte Unterstützungs- und Beratungsformate vor Ort mit den neuen Möglichkeiten im digitalen Setting sinnvoll verknüpft werden können. Zudem liegt ein Fokus des Buches auf der Vertraulichkeit, einem Beratungsstandard, der fundiertes Wissen zu Datenschutz, Datensicherheit und geeigneten technischen Lösungen voraussetzt. Damit werden die Leser*innen praxisnah in aktuelle Entwicklungen eingeführt.

Wir bedanken uns bei der Hochschule für Soziale Arbeit FHNW, denn sie hat das Vorhaben mit Freiräumen unterstützt. Wir danken zudem Minnie Silfverberg herzlich, die mit großer Sorgfalt die Literaturliste in Form gebracht hat.

Olten und Mainz im September 2022
Martina Hörmann, Dominik Tschopp, Joachim Wenzel

Inhalt

Vorwort der Reihenherausgeber*innen 5

Zu diesem Buch 6

1 Einführung: Menschen mit digitalen Medien erreichen und unterstützen 11

2 Niedrigschwellige Zugänge – Beratung im digitalen Setting 18
   2.1 Fallbeispiel: Onlineberatung 18
   2.2 Beratung im digitalen Setting: Begriffe 26
   2.3 Beratung im digitalen Setting: Formate 29
      2.3.1 Mailberatung 29
      2.3.2 Chatberatung 30
      2.3.3 Videoberatung 31
      2.3.4 Messengerberatung 32
      2.3.5 Telefonberatung 34
   2.4 Niedrigschwelligkeit in der Beratung 35
      2.4.1 Vervielfältigung der Zugänge zum Beratungsangebot 36
      2.4.2 Niedrigschwelligkeit während des Beratungsprozesses 38
      2.4.3 Anonymität – ein geschützter Raum mit neuen Möglichkeiten 39
   2.5 Begegnung und Beziehung im virtuellen Raum 42

3	**Digital und analog im Mix – Blended Counseling**	46
3.1	Vom ›Entweder/oder‹ zum ›Sowohl als auch‹	47
	3.1.1 Ausgangspunkte von Blended Counseling...	50
	3.1.2 Varianten von Blended Counseling	52
3.2	Das dreidimensionale Blended-Counseling-Modell	55
	3.2.1 Klient*innenbezogene Aspekte von Blended Counseling.................................	56
	3.2.2 Die beratungsfachliche Dimension	58
	3.2.3 Die organisationale Dimension	62
3.3	Impactfaktoren für Blended Counseling............	64
3.4	Szenarien als konzeptionelle Grundlegung von Blended Counseling...............................	69

4	**Vertraulichkeit auch im digitalen Raum: Datenschutz**	75
4.1	Datenschutzrecht am Beispiel der DSGVO	79
4.2	Maßnahmen der Datensicherheit	84
4.3	Umsetzung in der Praxis	86
4.4	Kosten und Finanzierung	88

5	**Technik für die Beratung im digitalen Setting**	93
5.1	Webbasierte Beratungssoftware	94
5.2	Anforderungen an Beratungssoftware	97
	5.2.1 Funktionale Passung	98
	5.2.2 Datenschutz und Datensicherheit	98
	5.2.3 Bedienungsfreundlichkeit	100
	5.2.4 Organisationale Einbettung	102
5.3	Unterstützung der Kommunikation	103
	5.3.1 Telefon....................................	104
	5.3.2 E-Mail, Chat und Forum	104
	5.3.3 Videokonferenzen	109
	5.3.4 Messenger.................................	110
5.4	Unterstützung von Problemlöseaktivitäten	112
5.5	Verwaltungsunterstützung.........................	114
5.6	Aktuelle technische Entwicklungen im Kontext Beratung	115

| 6 | Ausblick: Zukunftsentwicklungen in der Beratung | 117 |

Literatur 123

Die Autor*innen 133

1 Einführung: Menschen mit digitalen Medien erreichen und unterstützen

Unser Alltag ist stark von digitalen Medien durchdrungen. Gemäß der ARD/ZDF-Onlinestudie 2022 nutzen in Deutschland 100 Prozent der unter 50-Jährigen das Internet. In der Gruppe der 50- bis 69-Jährigen sind es 95 Prozent, bei Personen ab 70 Jahren immer noch 80 Prozent. Nicht nur steigt die Anzahl der Personen, die das Internet nutzen, sondern auch die Nutzungsintensität (Beisch & Koch 2022). Die Entwicklung in anderen deutschsprachigen Ländern ist vergleichbar (für die Schweiz bspw. Latzer et al. 2021): Das Internet nimmt nicht nur im Alltag von Jugendlichen einen bedeutenden Stellenwert ein, sondern immer stärker auch bei älteren Bevölkerungsgruppen. Es ist daher naheliegend, dass sich Personen auch dem Internet zuwenden, wenn sie Informationen oder Unterstützung zu ihren individuellen Problemlagen suchen. Der Einsatz digitaler Medien in der Beratung entspricht diesem Bedürfnis und der Lebenswelt der Klient*innen. Insofern hat sich Beratung in den vergangenen Jahren rasant weiterentwickelt.

Digitale Medien

Medien können in primäre, sekundäre, tertiäre und quartäre (Kommunikations-)Medien unterschieden werden. Mit Primärmedien sind Körpermedien gemeint, die ihre Ausprägung in den Sinneswahrnehmungen Sehen, Hören, Tasten, Riechen und Schmecken finden. Sekundärmedien sind Objektmedien, künstliche Objekte, zu deren Produktion technische Hilfsmittel (z. B. Buchdruck) verwendet werden. Sie können durch Körpermedien i. d. R. ohne Hilfsmittel decodiert werden. Beispiele dafür sind Bild, Brief, Buch oder Zeitschrift. Als Tertiärmedien werden elektronische Medien bezeichnet, für deren Erstellung und für deren Rezeption technische Geräte erforderlich sind, z. B. Radio oder Fernsehen. Quartärmedien sind digitale Medien. Die dabei zum Einsatz kommenden technischen Geräte sind Computer bzw. Computernetze (z. B. E-Mail oder Chat). Aufgrund der technischen Entwicklung können Tertiärmedien heutzutage in den meisten Fällen ebenfalls zu Quartärmedien gezählt werden, wie die Beispiele Digitalradio oder Internet-Telefonie zeigen (Wenzel 2013).

Internet als Medium erster Ordnung

Das Internet kann techniksoziologisch als Medium erster Ordnung charakterisiert werden. Es stellt eine technische Infrastruktur dar, auf der verschiedene Medien zweiter Ordnung wie z. B. E-Mail oder das World Wide Web (kurz Web) aufbauen können (Beck & Jünger 2019).

Digitale Ungleichheiten und digitale Teilhabe

Um mit einem Beratungsangebot die anvisierte(n) Zielgruppe(n) im bzw. über das Internet zu erreichen, braucht es dennoch einen differenzierten Blick. Schaut man sich die Gründe für die Nichtnutzung des Internets an, so fällt auf, dass neben bewusstem Nutzungsverzicht auch sozialer Ausschluss eine Rolle spielt. Schon längere Zeit gibt es einen Diskurs um digitale Spaltung (Kutscher & Iske 2021). Ungleichheiten zeigen sich dabei nicht nur bei der Nichtnutzung des Internets (first-level digital divide), sondern auch in unterschiedlichen Nutzungsweisen (second-level digital divide) oder sogar auf einer infrastrukturellen Ebene (zero-level digital divide). Benachteiligung kann dadurch im digitalen Raum reproduziert werden und das Internet kann zu neuen Ausschlussmechanismen führen, die sich auch im Kontext von Beratung zeigen (Klein 2007).

Wird der Alltag von Menschen in allen seinen Facetten zunehmend durch digitale Medien (mit-)bestimmt, so wird klar, dass gesellschaftliche Teilhabe nur möglich wird, wenn Menschen digital teilhaben können. Soziale Teilhabe bedingt zunehmend digitale Teilhabe. Organisationen der

Sozialen Arbeit machen es sich daher zum Ziel, benachteiligte Personengruppen in diesem Prozess zu unterstützen. Trotz der Diskussion um digitale Ungleichheiten: Ein zentrales Potenzial digitaler Medien in der Beratung liegt darin, neue Zugangsmöglichkeiten zu Beratungsangeboten zu schaffen.

Niedrigschwelligkeit digitaler Medien in der Beratung

Für viele Menschen sind solche Zugänge niedrigschwelliger als herkömmliche Zugangswege. Ob ein Angebot eher niedrigschwellig oder hochschwellig ist, hängt vom jeweiligen individuellen Kontext ab. Niedrigschwelligkeit ist gegeben, wenn vielfältige Zugangsmöglichkeiten zu Beratung bestehen, die Klient*innen möglichst passgenau zu ihren Bedürfnissen in Anspruch nehmen können (Wenzel 2013). So ist eines der wesentlichen und herausragenden Kennzeichen die zeitliche und räumliche Flexibilität, die bspw. die Mailberatung bietet. Klient*innen können ein Anliegen deponieren, unabhängig davon, an welchem Ort sie sich gerade befinden (Internetzugang vorausgesetzt) und wie spät es gerade ist (dazu ausführlich ▶ Kap. 2).

Etablierung der Onlineberatung

Neben der örtlich-zeitlichen Flexibilität, die durch digitale Medien ermöglicht wird, wird häufig betont, dass es vielen Personen leichter fällt, insbesondere schambehaftete oder stigmatisierende Themen anonym anzusprechen. Onlineberatung wird im deutschsprachigen Raum primär als anonyme Beratung gefasst, die schriftbasiert in Form von Mail, Chat oder Forum umgesetzt wird. Die Onlineberatung hat sich u.a. aus der Telefonseelsorge entwickelt und sich in den letzten 20 bis 25 Jahren als eigenständiges Angebot in der psychosozialen Beratungslandschaft etabliert (Kühne 2009, Reindl 2018). »Ihr spezifischer Beitrag zur Weiterentwicklung der Beratung liegt vor allem darin, den Ratsuchenden wie auch den Beratungsfachkräften die Möglichkeit der Anonymität zu verschaffen, mit dem Effekt der themen- und personenbezogenen Niedrigschwelligkeit« (Reindl 2018, 23).

Neue Perspektiven in der Beratung im digitalen Setting

Digitale Medien können selbstverständlich auch bei nicht-anonymer Beratung eingesetzt werden. In diesem Kontext sind in den letzten Jahren verschiedene Möglichkeiten diskutiert, erprobt und realisiert worden, die die Perspektive auf Onlineberatung öffnen.

Während im englischsprachigen Diskurs videobasierte Formen der Beratung schon seit einiger Zeit diskutiert werden, wird die Videoberatung im deutschsprachigen Raum erst in jüngster Zeit stärker berücksichtigt. Ein Zusammenhang mit der Corona-Pandemie scheint hier nicht von der Hand zu weisen zu sein. In vielen Beratungsorganisationen wurde Videoberatung eingeführt, aufgrund des Handlungsdrucks zum Teil ohne vorgängige konzeptionelle Überlegungen, so dass Beratungsangebote trotz Kontaktbeschränkungen weiterhin angeboten werden konnten.

Zudem wird der Einsatz von Messengern in der Beratung immer häufiger diskutiert und erste Pilotprojekte dazu realisiert. Messenger haben eine hohe Bedeutung in der Alltagskommunikation erlangt, so dass sich hier die Frage stellt, welchen Stellenwert Messenger in der Beratung haben (können) und inwiefern sich durch neue Mediennutzungsweisen Beratung zukünftig verändern könnte (Engelhardt & Piekorz 2022).

Mit Blended Counseling wird eine Beratungsform diskutiert und in der Praxis etabliert, die versucht, die Vorteile der Beratung im physischen Präsenzsetting mit den Einsatzmöglichkeiten digitaler Medien zu kombinieren. Blended Counseling wird dabei verstanden als systematische, konzeptionell fundierte Kombination von digitalen und analogen Kommunikationssettings im Beratungsprozess (Hörmann & Engelhardt 2022, ► Kap. 3).

Beratung im digitalen Setting

Um diesen neueren Entwicklungen Ausdruck zu verleihen, benutzen wir in diesem Band den Begriff »Beratung im digitalen Setting«. Wir möchten damit der Vielfalt der Einsatzmöglichkeiten von digitalen Medien in der Beratung gerecht werden. Die Setzung von Onlineberatung als anonyme schriftbasierte Beratung in Form von E-Mail, Chat und Forum wird dem nicht (mehr) gerecht. Den Begriff »Onlineberatung« verwenden wir dort, wo explizit dieses ursprüngliche Verständnis gemeint ist.

Mediatisierung in der Sozialen Arbeit

Eingebettet ist die Thematisierung dieser neuen Perspektiven in eine mittlerweile breit geführte Diskussion um die Mediatisierung bzw. Digitalisierung Sozialer Arbeit (Überblick bei Kutscher et al. 2020). In dieser wiederum nimmt der Diskurs um Onlineberatung bzw. die Beratung in digitalen Settings einen prominenten Stellenwert ein. Von Mediatisierung wird gesprochen, da der derzeitige Wandel von Medien und Kommunikation immer weitere Bereiche des menschlichen Lebens durchdringt. Die Soziale Arbeit sieht sich durch diese Veränderung der Lebenswelten ihrer Adressat*innen herausgefordert (Steiner 2015).

Digitalisierung

Mit Digitalisierung werden ganz unterschiedliche Sachverhalte benannt. Auf einer technischen Ebene kann Digitalisierung verstanden werden als Überführung kontinuierlicher (analoger) Signale in diskrete (digitale) Werte eines Binärcode. Aus Sicht der Sozialen Arbeit interessiert Digitalisierung jedoch weniger als technologisches Phänomen, sondern vielmehr als sozialer Transformationsprozess. In diesem Zusammenhang wird in Anlehnung an den soziologischen Begriff des Wandels auch von digitalem Wandel gesprochen (Kreidenweis 2018a). Der Begriff digitale Transformation wiederum wird i.d.R. eher auf Organisationen bezogen, um deren Umgang mit Digitalisierung zu umschreiben.

Mediatisierung

Mit dem Begriff Mediatisierung ist die zeitliche, räumliche und soziale Durchdringung des Alltags mit Medien gemeint. Medien verändern tiefgreifend und wechselseitig Kultur und Gesellschaft. Mediatisierung lenkt den Blick auf diese Transformationsprozesse (Krotz 2012, 2020). Als Teil der Gesellschaft ist Soziale Arbeit ebenfalls in vielfältiger Weise von neuen digitalen Informationstechnologien und Medien durchdrungen (Kutscher et al. 2015).

Übersicht über diesen Band

Mit der Perspektive der Mediatisierung schließt sich in dieser Einführung der Kreis zur eingangs thematisierten Internetnutzung im deutschsprachigen Raum. Vor diesem Hintergrund beschäftigt sich dieser Band mit den dazwischen angesprochenen Diskurslinien und wie Beratung in einem digitalen Setting realisiert werden kann.

Zum Auftakt widmet sich Kapitel 2 der Beratung im digitalen Setting im klassischen Format: der anonymen schriftbasierten Onlineberatung. Im Fokus steht die Niedrigschwelligkeit mit ihren Teilaspekten der Anonymität und der Vervielfältigung der Zugänge. Hier gilt es die kommunikativen Settings von Beratung näher zu betrachten: neben der Mailkommunikationen haben mittlerweile die Videokommunikation sowie die Messenger- und Chatkommunikation an Bedeutung in der beraterischen Praxis gewonnen (▶ Kap. 2).

Das anschließende Kapitel 3 stellt die systematische Verbindung von analogen und digitalen Settings in der Beratung in den Mittelpunkt: Blended Counseling als Beratungsformat der Zukunft (Engelhardt & Reindl 2016) nutzt gezielt die jeweiligen Vorteile eines kommunikativen Settings und kombiniert diese Vorteile im Beratungsprozess. Hier gibt es mittlerweile Erfahrungen aus verschiedenen beraterischen Handlungsfeldern wie bspw. der Suchtberatung. Das Kapitel möchte dieses ›noch junge‹ Thema fachlich fundieren und eine erste Basis für die Realisierung von Blended Counseling bieten (▶ Kap. 3).

Vertraulichkeit ist eine wesentliche Voraussetzung für Beratung. Kapitel 4 beschäftigt sich daher mit dem Thema Datenschutz und wie Vertraulichkeit in einem digitalen Setting (technisch) sichergestellt werden kann (▶ Kap. 4).

Technische Aspekte stehen im Zentrum von Kapitel 5. Ohne entsprechende Hard- und Software lässt sich Beratung im digitalen Setting nicht umsetzen. Das Kapitel gibt einen Überblick über typische Software und deren Möglichkeiten für die Beratung (▶ Kap. 5).

Kapitel 6 rundet diesen Band mit einem Ausblick auf aktuelle und zukünftige Entwicklungen im Feld der Beratung ab (▶ Kap. 6).

Obwohl die Frage immer wieder auftaucht: *Ob* digitale Medien gewinnbringend für die Beratung eingesetzt werden können, hat sich geklärt. Vielmehr gilt es das *Wie* zu diskutieren und zu konkretisieren, wie Beratung im digitalen Setting so gestaltet werden kann, dass sie Menschen unterstützt, dass sie zusätzliche Möglichkeiten eröffnet und somit auch zur digitalen Teilhabe beiträgt. Dazu möchte der vorliegende Band einen Beitrag leisten.

2 Niedrigschwellige Zugänge – Beratung im digitalen Setting

> **☞ Überblick**
>
> Beratung im digitalen Setting hat sich seit zwei Jahrzehnten zusehends etabliert und über die Pandemie zudem an Verbreitung gewonnen. Dieses Kapitel verdeutlicht,
>
> - wie ein Beratungsprozess in der Mailberatung konkret aussehen kann und was die beraterischen Überlegungen dazu sind,
> - welche Formate die Beratung im digitalen Setting umfasst,
> - welche Chancen die Beratung in digitalen Setting kennzeichnen,
> - weshalb die Niedrigschwelligkeit ein so relevantes Kennzeichen von Beratung im digitalen Setting ist und welche Elemente dies umfasst,
> - welche Herausforderungen die Beratung in digitalen Setting kennzeichnen.

2.1 Fallbeispiel: Onlineberatung

Das Fallbeispiel wurde aus Datenschutzgründen anonymisiert und verfremdet.

Ratsuchende: Hannah, 14 Jahre
Beratungsthema: Mobbing im schulischen Umfeld

2.1 Fallbeispiel: Onlineberatung

Beraterin:	Laura, Sozialpädagogin B.A., Systemische Beraterin (DGSF), 26 J.
Beratungsstelle:	Jugendberatung eines freien Jugendhilfeträgers einer Großstadt
Beratungsmedium:	Webbasierte Mailberatung
Beratungsdauer:	Sieben Monate
Beratungsfrequenz:	21 Mails in 28 Wochen: Durchschnitt: 0,75 pro Woche
Länge der Mailanfragen:	Von wenigen Sätzen bis zu mehreren DIN-A4-Seiten

Hannah wendet sich in ihrer ersten Mail wie folgt an die Beratungsstelle.

girl08berlin

»null anung ob ich richtig. ist bei mir nicht so schlimm. andere erwischt noch shlimmer. mir gehts aber nicht gut. werd gemobbt. meine alten sind cringe pur. habt ihr zeit für sowas? aber helfen könnt ihr bestimt nicht.«

Beratungsfachliche Betrachtung

Dieser Beginn einer Onlineberatung ist in vielerlei Hinsicht recht typisch für Erst-Mails von Jugendlichen. Hannah fängt ohne Anrede an zu schreiben und schreibt im Stil von Kurznachrichten eines Messenger-Chats: Nur Kleinbuchstaben, getrennt durch Punkte, und kurze Sätze, die abgehackt wirken und grammatikalisch nicht vollständig sind. Dabei benutzt sie einen Ausdruck aus der Jugendsprache »*cringe pur*«, der Erwachsenen nicht unbedingt bekannt sein dürfte. Am Ende unterschreibt sie nicht mit ihrem Namen und bleibt möglichst anonym. Lediglich ihr Benutzername »girl08berlin« wird der Beraterin bekannt. Hannah macht einige Rechtschreibfehler, die jedoch v. a. Flüchtigkeitsfehler darstellen dürften.

Inhaltlich deutet sie ihre Themen eher an, als dass sie ihr Anliegen ausdrücklich macht. Zu Beginn und am Ende stellt sie infrage, dass sie in dieser Onlineberatung überhaupt richtig sei und dass ihr hier geholfen werden kann. Dabei bagatellisiert sie ihr Problem »*ist bei mir nicht so schlimm*« und den ersten Satz »*null anung ob ich richtig*« kann man in einer doppelten Bedeutung auch so verstehen, dass sie infrage stellt, ob sie denn selbst ›richtig‹ sei. Unbewusst drückt das vermutlich eine doppelte Unsicherheit aus, in Bezug auf sich selbst, aber auch bezogen auf den Beratungskontakt, der noch abstrakt und nicht greifbar ist.

Als Jugendliche steht sie vermutlich vor Entwicklungsherausforderungen, die in der Pubertät nicht selten vorkommen und die sich bereits in einer so kurzen Mail widerspiegeln: Bin ich O.K.? Interessiert sich mein Gegenüber für mich?

In ihrer Mailanfrage wird auch eine gewisse Angst vor Enttäuschung deutlich, wenn sie schreibt »*helfen könnt ihr bestimt nicht*«. Indem sie das so benennt, nimmt sie eine mögliche Enttäuschung bereits vorweg und schützt sich damit vor Verletzungen.

Mit der Verwendung des Begriffs »*cringe*« zeigt sie entweder, dass sie bei einer Jugendberatung davon ausgeht, dass dort Jugendsprache verstanden wird, oder vielleicht testet sie das einmal aus, um herauszufinden, ob sie altersgemäß als Jugendliche auch verstanden wird und in der Beratung richtig ist.

Die erste Antwort der Beraterin kann nur auf wenige inhaltliche Informationen zurückgreifen. Wie die beratungsfachliche Betrachtung zeigt, stecken aber verschiedenste Anfragen und vielleicht sogar versteckte Beziehungsangebote darin, die es in der Beratung zu nutzen und an die es anzuknüpfen gilt.

Beraterin, 10 Stunden später

Hallo girl08berlin oder wie soll ich Dich nennen?

Vielen Dank für Deine Mail. Es ist schön, dass Du dich bei uns gemeldet hast.
Ich bin Laura, 26 Jahre alt, und arbeite als Sozialpädagogin in der Beratungsstelle.

2.1 Fallbeispiel: Onlineberatung

> Wenn ich dich richtig verstehe, wirst du gemobbt? Das tut mir sehr leid! Allerdings ist mir nicht klar, von wem? Das würde mich sehr interessieren. Vermutlich hat das etwas mit Deinen Eltern zu tun? ›cringe pur‹ klingt jedenfalls danach. Oder ist das anders zu verstehen?
> Ich kann sehr gut versehen, dass es Dir nicht gut geht, wenn Du gemobbt wirst.
> Magst Du mir dazu schreiben, so dass ich Dich noch besser verstehen kann? Dafür nehme ich mir gerne Zeit und würde mich freuen, wenn Du mir wieder schreibst.
>
> Liebe Grüße aus X-Stadt
> Laura

Die Beraterin redet die Ratsuchende, deren Namen sie noch nicht kennt, mit ihrem Benutzernamen »girl08berlin« an, stellt aber direkt dazu die Frage, ob diese überhaupt so genannt werden will. Damit geht sie einerseits bereits mit der Anrede in einen direkten Kontakt, lässt der Ratsuchenden aber die Wahl, ob sie tatsächlich so angeredet werden möchte. Bereits zu Beginn eines Beratungskontakts sind solche Klärungen sehr bedeutsam, um eine tragfähige Beratungsbeziehung aufbauen zu können. Wie im Face-to-Face-Kontakt auch ist ein passendes Joining, d.h. das Andocken für den Aufbau eines Arbeitsbündnisses, von Beginn an zentral. Da es in der schriftlichen Form der Beratung wenig Anhaltspunkte zur anderen Person gibt, ist es hier wichtig, über die Schriftsprache emotionalen Beziehungskontakt herzustellen. Das geschieht hier, indem die Klientin unmittelbar angeredet wird, aber ihr auch zugleich benannt wird, dass sie Wahlmöglichkeiten hat in der Beziehungsgestaltung, also dass die Beraterin nicht die Definitionsmacht beansprucht.

Die Beraterin spiegelt kurz zurück, was sie inhaltlich vom Anliegen verstanden hat, macht auch deutlich, was ihr nicht klar wurde, und lädt mehrfach zu einem weitergehenden Kontakt ein. Dies geschieht sowohl über Fragen, die Aussage, dass sie sich gerne Zeit nimmt, und durch die ausdrückliche Einladung am Ende der Mail, dass sie sich freut, wenn die Klientin wieder schreibt.

Die erste Antwort ist von besonderer Bedeutung, da es sich hier bereits entscheidet, ob es nach der Erst-Mail überhaupt zu einer wechselseitigen

Kommunikation kommt (Wenzel 2008). Somit geht es zu Beginn v. a. um ein Beziehungsangebot und einen möglichen Beziehungsaufbau. Dabei ist hilfreich, bei der Erst-Mail nicht zu viele Fragen und Themen vermeintlich schon ›abzuarbeiten‹. Das wäre eher im Stile einer Anfrage, die Leser*innen an eine Zeitschrift richten, um eine einmalige Antwort zu erhalten, und nicht im Sinne von Onlineberatung, die sich als prozessorientierte interaktive Beratungs- und Beziehungskommunikation versteht. Es geht bei der Erstantwort darum, das Verstandene zurückzumelden, die noch unklaren oder offenen Punkte anzusprechen und nachzufragen sowie zu einem weitergehenden Kontakt einzuladen.

Das Pacing, im Sinne eines Andockens an die Kommunikation der Ratsuchenden, kann unterschiedlich erfolgen. Hier hat sich die Beraterin nicht dem Schreibstil der Jugendlichen angepasst, sondern in ganzen Sätzen geschrieben und auch keine Jugendsprache verwendet, außer im Zitat »cringe pur«. Damit hat sie einerseits gezeigt, dass sie die Sprache versteht, hat sich aber nicht angebiedert, indem sie auch die Jugendsprache verwendet. Schließlich erleben Jugendliche »cringe« (Fremdschämen) nicht selten dann, wenn Erwachsene – v. a. Eltern – tun, als wären sie noch jugendlich oder sich punktuell so verhalten. Pacing setzt die Beraterin um, indem sie die Anfrage der Jugendlichen aufgreift und genauer nachfragt.

Konzeptionelle Entscheidungen seitens des Beratungsanbieters

Die Jugendberatungsstelle als Beratungsanbieter hat vorab Entscheidungen getroffen, die unmittelbar in den konkreten Beratungskontakt hineinwirken: So braucht sich die Ratsuchende lediglich mit Benutzernamen und Passwort anzumelden und kann dann direkt ihre Beratungsanfrage schreiben und absenden. Die Beratungskommunikation geschieht hier ausschließlich webbasiert über einen Browser und wird automatisch über das SSL-Verfahren verschlüsselt (in Browser-Adresszeile: https://). Andere Anbieter stellen den Ratsuchenden vorab weitergehende Fragen, etwa über ein Webformular zu Alter, Geschlecht etc. Teilweise können Ratsuchende ihre Anfrage nicht abschicken, wenn sie die gestellten Fragen nicht vorher beantwortet haben.

> Klient*innen werden bei diesem Onlineberatungsangebot erst nach der ersten Mailanfrage einem*einer bestimmten Berater*in zugewiesen, so dass die erste Mail noch nicht an eine bestimmte Person gerichtet werden kann. Demgegenüber gibt es Angebote bei denen sich die Klient*innen bestimmte Berater*innen aussuchen können.
> Nicht zuletzt gibt es aber auch beratungsfachlich unterschiedliche Ansätze, wie inhaltlich mit Mailanfragen umgegangen wird. Die hier vorgestellte Erstantwort der Beraterin ist nur eine Möglichkeit von vielen (diese konzeptionellen und fachlichen Fragestellungen vertiefend: Engelhardt 2021, Knatz & Dodier 2021, Kühne & Hintenberger 2009).

Auf die Antwort der Beraterin meldet sich Hannah nicht direkt, sondern es dauert einige Tage, bis sie ihrerseits eine Antwort sendet. Sie schreibt immer noch verhalten und vorsichtig, allerdings ist ihre zweite Mail bereits deutlich ausführlicher und sie schreibt teilweise auch in längeren Sätzen. Sie nennt ihren Namen Hannah, mit dem sie gerne angesprochen werden möchte.

In den weiteren Mails geht es sehr stark um die Frage, was sie von der Onlineberatung erwarten kann und ob und wie ihr überhaupt geholfen werden kann. Hannah beschreibt, dass sie bereits viele Enttäuschungen erlebt hat: Ihre Eltern sieht sie selbst als ein zentrales Problem an und kann sich ihnen entsprechend nicht anvertrauen. Bedeutsame Vertrauenspersonen sind nicht mehr da: Ihre geliebte Oma ist kürzlich verstorben und ihre Patentante, die sie immer unterstützt hat, ist ins Ausland gezogen. Wegen ihres Mobbingproblems wollte sie sich bei einer Beratungslehrerin Unterstützung holen. Diese hat ihr Anliegen in ihrem Erleben jedoch kleingeredet, so dass sie sich alleingelassen und »verraten« gefühlt hat.

Solche Ambivalenzen kommen zu Beginn einer Onlineberatung nicht selten vor, gerade wenn Klient*innen in bedeutsamen Beziehungen Verletzungen, Enttäuschungen oder gar Beziehungsabbrüche erlebt haben. Eine tragfähige Beratungsbeziehung aufzubauen, braucht hier zu Beginn genügend Zeit.

Für die Beraterin in diesem Fallbeispiel ist es wichtig, in ihrer professionellen Rolle zu bleiben und die negativen Erwartungen nicht auf sich als Person zu beziehen. Vielmehr gilt es, diese in den aktuellen Kontext und die biographische Entwicklung der Klientin einzuordnen. Für die Bildung systemischer Hypothesen kann die Beraterin ihr eigenes Erleben in der Onlineberatung nutzen und mit den Beschreibungen der jungen Frau in Verbindung bringen. So ist davon auszugehen, dass sich kommunikative Muster aus der Lebenswelt der Klientin auch in der Onlinekommunikation vollziehen. Schließlich ist für die Klientin die Kontaktgestaltung zur Beraterin sehr bedeutsam. Dabei kann auch die eigene emotionale Resonanz im Erleben der Beraterin gut für eine systemische Diagnostik genutzt werden. So gibt es neben dem Text eine weitere Erfahrungsebene, die in den Prozess einbezogen wird, um hypothesengeleitet möglichst hilfreiche Interventionen zu entwickeln.

> Zwischenzeitlich bricht Hannah den Beratungskontakt für einige Wochen ab, meldet sich aber wieder. Sie rechnet damit, dass die Beraterin ihr »böse« ist, erlebt jedoch, dass diese Verständnis für ihr Verhalten zeigt und sich weiterhin für ihre Probleme interessiert.
>
> Mit der Zeit findet Hannah mehr Vertrauen zur Beraterin und öffnet sich immer weiter. Sie beschreibt, wie peinlich es ihr ist, wenn ihre Alterskolleg*innen ihre Eltern erleben und dass sie sich für sie schämt. Damit eng verbunden beschreibt sie ihr eigenes geringes Selbstwertgefühl und dass sie sich nicht vorstellen kann, dass jemand sie zur Freundin haben möchte. Dabei werden eskalative Kommunikationsmuster mit den Alterskolleg*innen deutlich, wodurch sich das Mobbingverhalten von Mitschüler*innen komplementär zu ihrem Rückzugsverhalten verstärkt. Hannah lernt dies als Teil eines Teufelskreises zu verstehen und sucht mit der Beraterin erste Alternativen, um ihren Teil beizutragen, diesen Kreislauf nicht auch noch zu verstärken. Allerdings merkt sie dabei, dass sie Hilfe und Unterstützung braucht und das Mobbinggeschehen nicht alleine aus eigener Kraft beenden oder überwinden kann.

Die zwischenzeitliche Unterbrechung der Onlineberatung kann man vor einem bindungstheoretischen Hintergrund verstehen: Als ihr die Beziehung zur Beraterin emotional zu nahe wird, geht sie in einen Schutzmodus, indem sie erst einmal nicht mehr antwortet. Im Fall von Hannah ist es zunächst notwendig, mit ihr über Wochen hinweg Beziehungsaufbau und Ressourcenarbeit zu betreiben. Erst mit der Zeit kann sie für sich annehmen, dass das, was sie erlebt hat, nicht einfach war, sondern vielmehr herausfordernd. Sie nimmt erst an diesem Punkt wahr, dass sie bereits erste Kräfte und Möglichkeiten hat damit umzugehen. Indem sie in der Beraterin einen Menschen auf ihrer Seite erlebt, der sich für sie interessiert, kann sie langsam wieder Vertrauen schöpfen in mögliche Hilfe durch andere Menschen.

> Die mehrmonatige Onlineberatung wird beendet, nachdem Hannah vor Ort in einer Jugendberatungsstelle eine Beraterin gefunden hat, zu der sie auch erstes Vertrauen entwickeln konnte. Die Onlineberaterin hat diesen Übergang begleitet und sie immer wieder ermutigt, auch vor Ort Hilfe zu suchen. Dies wurde aber erst möglich, nachdem Hannah die Ursache für das Mobbing nicht mehr vorwiegend bei sich selbst gesehen hat und nachdem sie die professionelle Beratung als hilfreich für den Umgang mit ihren Problemen erlebt hat.

Dieses Fallbeispiel macht deutlich, dass Onlineberatung die Beratung vor Ort nicht ersetzt, aber konzeptionell ergänzt. Trotz Onlineberatung gibt es nach wie vor Bedarf an Beratung im Face-to-Face-Kontakt, selbst durch Klient*innen, die Onlineberatung nutzen oder genutzt haben.

Für Menschen wie Hannah, die sich vor Ort in einer bestimmten Situation keine Hilfe suchen würden, stellt Onlineberatung einen niedrigschwelligen Zugang dar. Für sie ist diese Möglichkeit in diesem Moment womöglich die einzige gangbare Kontaktbrücke zum Beratungs- und Hilfesystem. Menschen wie Hannah können so im Prozess der Problementwicklung sehr frühzeitig erreicht werden, bevor sich Probleme und Symptome entwickeln oder gar krisenhaft eskalieren oder chronifizieren.

2.2 Beratung im digitalen Setting: Begriffe

Zunächst werden in diesem Teilkapitel einige Begriffe geklärt, um eine präzise Grundlage für die nachfolgenden Ausführungen zu schaffen. Engelhardt und Storch (2013) haben auf die Schwierigkeiten einer Präzisierung angesichts der Vielfalt an Begriffen hingewiesen:

> »Onlineberatung, Online-Therapie, E-Coaching, Online-Counseling, Beratung im Netz, Beratung im Cyberspace, E-Mental-Health, virtuelle Beratung, E-Beratung, E-Counseling, Cyber-Counseling, E-Consulting, Distance Counseling, Beratung in der virtuellen Welt, um nur einige zu nennen. Es fällt auf, dass viele der Termini rege Anwendung finden, kaum aber einheitlich definiert werden. Was bedeuten die verschiedenen Begriffe eigentlich und in welcher Beziehung stehen sie zueinander?« (ebd., 2).

Distance Counseling/Distanzberatung

Im englischsprachigen Raum wird »von ›Distance Counseling‹ gesprochen, wenn eine Form der Beratung gemeint ist, die über eine größere Distanz stattfindet. Hierfür müssen unterschiedliche Medien (Telefon, Computer, Smartphone) und ggf. die Infrastruktur des Internets zur Unterstützung der Kommunikation eingesetzt werden« (ebd.).

Onlineberatung

schließt sämtliche Formen der Beratung ein, »die auf die Infrastruktur des Internets angewiesen sind, um den Prozess der Beratung zu gestalten, und die sowohl synchron/asynchron textgebunden (Forum, Einzelberatung, Chat) als auch synchron und textungebunden via Videochat, Avataren oder Internettelefonie stattfinden können« (ebd., 4f.).

Aufgrund der historischen Entwicklung, bei der sich die schriftbasierte asynchrone und zumeist anonyme Form der Mailberatung als ›klassische‹ Form der Onlineberatung etablierte, wird auch heute noch oftmals der Begriff der Onlineberatung mit Mailberatung gleichgesetzt, wenngleich der Begriff per Definition auch die anderen Formate umfasst. Im Zuge der Pandemie wurde ab 2020 das Format der Videoberatung populär und fand eine enorme Verbreitung, was wiederum dazu führte, dass teilweise Onlineberatung mit Videoberatung gleichgesetzt wird. Aus den genannten Gründen favorisieren wir den Begriff der Beratung im digitalen Setting.

> **Setting**
>
> stammt als Begriff ursprünglich aus der Literaturwissenschaft und »hat sich im Kontext von Beratung und Psychologie als Bezeichnung für die räumlich-zeitlichen Bedingungen durchgesetzt, die auf den Klärungsprozess bzw. die Behandlung Auswirkungen haben. In der Beratungspraxis wird unter Setting meist nur das professionell hergestellte Arrangement der Beratungskommunikation verstanden« (Großmaß 2007, 488).

In der Onlineberatungsliteratur findet sich teilweise der Begriff Kommunikationskanäle, womit Mail, Chat, Video, Telefon etc. gemeint sind. Dies ist jedoch insofern missverständlich, da der »Kanal«-Begriff in der Medienpsychologie als Sinneskanal verstanden wird (Hörmann et al. 2019, Batinic & Appel, 2008). Wenn von kanalreduzierter Beratung (Kühne 2021) die Rede ist, so ist die Reduktion der in dieser kommunikativen Situation zur Verfügung stehenden Sinneskanäle gemeint. Aus diesen Gründen wird hier der Begriff des »kommunikativen Settings« präferiert.

> **Kommunikative Settings**
>
> sind digitale und analoge Räume, in denen asynchron oder synchron kommuniziert werden kann. Dies sind neben der Face-to-Face-Kommunikation vor Ort die Videokommunikation, die Kommunikation am Telefon, die Mailkommunikation sowie die Kommunikation mittels Chat oder Messenger.

Aufgrund der Vervielfältigung der kommunikativen Settings und einer weiten Verbreitung der Videoberatung hat auch der Begriff »Face-to-Face« eine Entwicklung erfahren.

Face-to-Face-Beratung

hat sich als Begriff für die Beratung vor Ort etabliert. Allerdings ist dieser Begriff seit der Verbreitung von Videoberatung insofern unscharf, als auch die Beratung per Video letztendlich von Angesicht zu Angesicht erfolgt, wenngleich auch technisch vermittelt. Kühne und Hintenberger (2020) sprechen zwar bezogen auf das Videoformat von »camera-to-camera-Beratung«, allerdings hat sich dieser Begriff bisher nicht durchgesetzt.

Aufgrund der Vieldeutigkeit des Begriffs Face-to-Face ist es notwendig, diesen zusätzlich durch die Adjektive »kopräsent« oder »vor Ort« zu kennzeichnen, um hier eine präzise Differenzierung zwischen analogem und digitalem Setting vornehmen zu können.

Angelehnt an diese begrifflichen Präzisierungen lässt sich der Schlüsselbegriff dieses Bandes wie folgt konkretisieren.

Beratung im digitalen Setting

umfasst sämtliche auf Datenübertragung beruhenden kommunikativen Settings wie Video-, Mail-, Chat-, Messenger und auch Telefonkommunikation. Sie wird abgegrenzt von der kopräsenten Face-to-Face-Beratung und nutzt sowohl synchrone als auch asynchrone Formate sowie textgebundene und audiovisuelle Formen zur Gestaltung des Beratungsprozesses.

2.3 Beratung im digitalen Setting: Formate

Beratung im digitalen Setting wird häufig mit anderen Formen der Beratung verglichen und es werden Gemeinsamkeiten und Unterschiede herausgearbeitet. Allerdings greift diese Unterscheidung zu kurz, es ist vielmehr notwendig, nach den jeweiligen genutzten Medien zu unterscheiden und deren ganz spezifische Vor- und Nachteile herauszuarbeiten. In diesem Teilkapitel werden die verschiedenen kommunikativen Settings (▶ Kap. 5.3) und die damit einhergehenden Beratungsformate näher betrachtet und jeweils tabellarisch angeführt (in Anlehnung an Hörmann et al. 2019, Freie Wohlfahrtspflege NRW 2022).

2.3.1 Mailberatung

Das eingangs skizzierte Fallbeispiel fand in der Mailberatung statt, der ›klassischen‹ Form von Beratung im digitalen Setting. Nachfolgend werden wesentliche Kennzeichen dieses asynchronen, textgebundenen kommunikativen Settings skizziert (▶ Tab. 1).

Tab. 1: Kennzeichen der Mailberatung

Vorteile	Nachteile	Anforderungen an Beratende
sehr niederschwellig, da zeitlich und räumlich flexibel, Möglichkeit für Nachdenkpausen, Möglichkeit ein Anliegen oder eine Frage zu deponieren bzw. schriftlich zu hinterlassen, Beratung wird dokumentiert gut geeignet für scham-	Wartezeit, bis Antwort kommt nicht geeignet für dringende Anliegen, nicht alle Klient*innen können/wollen sich schriftlich äußern, Vertraulichkeit bei üblichen Mailprogrammen (z. B. Outlook) nicht ausreichend gewährleistet (Datenschutz)	Datenschutzkonformer Mail-Account, möglichst zeitnahe Beantwortung/Transparenz, wann Antwort kommen wird, schriftliche Ausdrucksfähigkeit (bei Klient*innen und Beratenden), Methodenkompetenz für Mailberatung erforderlich (z. B. Vier-Folien-

Tab. 1: Kennzeichen der Mailberatung – Fortsetzung

Vorteile	Nachteile	Anforderungen an Beratende
	besetzte Themen (im anonymen Setting)	Konzept nach Knatz 2009)

Weiterentwickelt: Hörmann et al 2019, IV

Die Mailberatung als ›ältestes‹ Onlineberatungsformat wurde konzeptionell und theoretisch fundiert (Brunner 2009, Eichenberg & Kühne 2014, Engelhardt 2021) und empirisch erforscht (BAG 2018, Meier & Schaub 2016, Weiß et al. 2020).

Auf weitere Aspekte der prozessorientierten Mailberatung wie Anonymität, Niederschwelligkeit und Beziehungsgestaltung wird in den nachfolgenden Teilkapiteln Bezug genommen.

2.3.2 Chatberatung

Die Chatberatung wurde in den Anfangszeiten häufig als thematischer Gruppenchat in Form eines »one-to-many« oder »many-to-many« (Engelhardt 2021) angeboten. Ein Einzelchat in Form eines »one-to-one« hat eher den Charakter einer Sprechstunde, für die eine gemeinsame Terminvereinbarung Voraussetzung ist (Engelhardt 2021, Hintenberger 2006). Nachfolgend werden wesentliche Kennzeichen dieses synchronen, textgebundenen kommunikativen Settings skizziert (▶ Tab. 2).

Tab. 2: Kennzeichen der Chatberatung

Vorteile	Nachteile	Anforderungen an Beratende
sehr schnell, synchrones Medium, geeignet für kurze, abgegrenzte Informationen,	Schnelligkeit der schriftbasierten Kommunikation ggf. herausfordernd, begrenzte Form der Kommunikation,	technische Voraussetzungen (datenschutzkonformes Tool), Terminvereinbarung, ggf. Wechsel auf ein an-

2.3 Beratung im digitalen Setting: Formate

Tab. 2: Kennzeichen der Chatberatung – Fortsetzung

Vorteile	Nachteile	Anforderungen an Beratende
kurze Sequenzen, d.h. keine hohen Anforderungen an Schriftsprache, unterstützende Verwendung vom Emojis möglich	Gefahr von Missverständnissen, weniger geeignet für komplexe Fragestellungen/Anliegen	deres kommunikatives Setting bei komplexen Anliegen (z. B. Telefon oder Mail), Bereitschaftsdienst bei Live-Chat auf der Website

Weiterentwickelt: Hörmann et al 2019, IV

Aufgrund der begrenzten Form der schriftsprachlichen Kommunikation wird empfohlen, die Chatberatung eher ergänzend und weniger als »Stand-Alone« einzusetzen.

2.3.3 Videoberatung

Seit 2020 hat dieses Format einen Aufschwung erlebt und viele Beratende verfügen seither über Erfahrungen mit Videomeetings, teilweise auch mit Beratung im Videosetting (Engelhardt & Engels 2021, Silfverberg 2020, Wenzel, Jaschke & Engelhardt 2020). Nachfolgend werden wesentliche Kennzeichen dieses synchronen, audiovisuellen kommunikativen Settings skizziert (▶ Tab. 3).

Tab. 3: Kennzeichen der Videoberatung

Vorteile	Nachteile	Anforderungen an Beratende
reichhaltigste Kommunikationsform im digitalen Setting: • Mimik und Gestik sichtbar,	Hemmschwelle durch Scham und Unsicherheit vor der Kamera, ggf. instabile Verbindung oder andere technische Probleme,	ruhiges Umfeld ohne störende Geräusche, gute technische Ausstattung (auf beiden Seiten), sicherer Umgang mit den technischen Gegeben-

Tab. 3: Kennzeichen der Videoberatung – Fortsetzung

Vorteile	Nachteile	Anforderungen an Beratende
• nonverbale Reaktionen wahrnehmbar, geringer Ressourcenaufwand, da räumlich flexibel, Dokumente können geteilt werden, ggf. Einblick in Teile der Lebenswelt der Klient*innen, beraterisch gut geeignet für Mehr-Personen-Systeme (wenn z. B. Eltern an verschiedenen Orten sind)	Vertraulichkeit bei üblichen Videokonferenzanbietern nicht ausreichend gewährleistet (Datenschutz), Blick ins ›Wohnzimmer‹ ggf. für manche Klient*innen unangenehm oder bedrohlich, keine spontane Kontaktaufnahme möglich, evtl. Kosten für die Ratsuchenden (Datenvolumen)	heiten, Terminvereinbarung notwendig, Kompetenzen für die Gestaltung des virtuellen Beratungsraum, ggf. zusätzliche Kompetenzen für die Nutzung von Methodentools im Videosetting (z. B. Landkarten, Systembrett o. Ä.)

Weiterentwickelt: Hörmann et al 2019, V

Auf weitere Aspekte der prozessorientierten Videoberatung, wie die Begegnung und Beziehungsgestaltung im virtuellen Raum, wird in den nachfolgenden Teilkapiteln Bezug genommen.

2.3.4 Messengerberatung

Ein eher neues Format digitaler Beratung ist die Messengerberatung, die in den vergangenen Jahren ebenfalls an Bedeutung gewonnen hat (Engelhardt 2021, Engelhardt & Piekorz 2022). Hintergrund ist die weit verbreitete Nutzung von Messengern in der Alltagskommunikation. Die Kommunikation per Messenger kann schriftbasiert über asynchrone Textnachrichten, mündlich über asynchrone Sprachnachrichten und audiovisuell über einen i. d. R. synchronen Videocall erfolgen. Nachfolgend werden wesentliche Kennzeichen der Messengerberatung skizziert (▶ Tab. 4).

2.3 Beratung im digitalen Setting: Formate

Tab. 4: Kennzeichen der Messengerberatung

Vorteile	Nachteile	Anforderungen an Beratende
Schriftlich: Asynchrone, textgebundene Form der Kommunikation		
Kontaktaufnahme ortsungebunden und zeitlich immer möglich wechselseitiges, zeitnahes Antworten auf Anliegen möglich, technisch asynchron, d. h. zeitversetztes Antworten möglich, Dokumente und Fotos können übermittelt werden, geeignet für kurze Infos, vielen Klient*innen aus der Alltagskommunikation vertraut, keine hohen Anforderungen an Schriftsprache	Gefahr von Missverständnissen, ggf. hohe Erwartungen der Klient*innen hinsichtlich Erreichbarkeit und Antwortschnelligkeit, Vertraulichkeit bei alltagsüblichen Messengers zumeist nicht ausreichend gewährleistet, Vermischung mit Chat bei quasi-synchroner Nutzung	hohe Anforderungen an den Datenschutz bei der Auswahl der Messengerdienste, ggf. Nutzung spezieller Anbieter für die Beratung, Zugriff auf Smartphone (Dienstgerät) und Internet, klare Festlegung von Antwortschnelligkeit und Erreichbarkeit (Abgrenzung), ggf. Wechsel auf ein anderes kommunikatives Setting bei komplexen Anliegen.
Mündlich: asynchrone textungebundene Form der Kommunikation		
mündliche Kommunikationsform → niederschwellig für Personen mit geringer Schriftsprachkompetenz, zeitversetztes Antworten möglich, auch längere Infos möglich, vielen Klient*innen aus der Alltagskommunikation vertraut	Wartezeit, bis Antwort kommt, nicht geeignet für dringende Anliegen, ggf. hohe Erwartungen der Klient*innen hinsichtlich Erreichbarkeit und Antwortschnelligkeit	siehe oben
Audiovisuell (Videocall): synchrone Form der Kommunikation		
Ermöglicht die Kommunikation über unter-	Kann die Klient*innen überfordern, etwa durch	Eher geeignet für Kurzberatungen

Tab. 4: Kennzeichen der Messengerberatung – Fortsetzung

Vorteile	Nachteile	Anforderungen an Beratende
schiedliche Sinneskanäle, was von manchen Klient*innen als vertrauter erlebt wird	die erforderliche Kameraführung	

2.3.5 Telefonberatung

Die Telefonberatung ist bereits seit Anfang des 20. Jahrhunderts in Notfall- und Krisensituationen das Mittel der Wahl, wie die Telefonseelsorge in Deutschland und Österreich oder die »Dargebotene Hand« in der Schweiz zeigen (Korsten 2006, Wenzel 2008, 2016a). Es ist als synchrones Medium schnell und zugleich aufgrund der räumlichen Flexibilität besonders gut einsetzbar in Fällen, bei denen schnelle Hilfe und Unterstützung erforderlich ist (► Tab. 5).

Tab. 5: Kennzeichen der Telefonberatung

Vorteile	Nachteile	Anforderungen an Beratende
schnelle Klärung von Anliegen möglich, reichhaltige emotionale Kommunikation durch die Stimme, niedrigschwellig, Fokussierung aufgrund Sinneskanalreduzierung, kurzfristig realisierbar, geringer Ressourcenaufwand, anonymer Kontakt möglich, bereits sehr lange als	Wahrnehmungen nur auf einem Sinneskanal möglich, störungsanfällig je nach Aufenthaltsort des Gegenübers (Hintergrundgeräusche), ggf. instabile Verbindung oder andere technische Probleme, beraterisch weniger geeignet für Mehr-Personen-Systeme	setzt Gesprächsführungskompetenz voraus: Stimme, Wortwahl und Tonfall bedeutsam, konzentriertes Zuhören notwendig, Terminvereinbarung notwendig, stabile Telefonverbindung wird benötigt (Mobilfunk oder Festnetz)

Tab. 5: Kennzeichen der Telefonberatung – Fortsetzung

Vorteile	Nachteile	Anforderungen an Beratende
Beratungssetting etabliert		

Weiterentwickelt: Hörmann et al 2019, V

Die Tabellen zeigen auf, wie unterschiedlich die Stärken der jeweiligen kommunikativen Settings sind. Insofern wird deutlich, das Beratende über Grundkenntnisse hinsichtlich kommunikativer Settings verfügen müssen, um angemessene Entscheidungen hinsichtlich des passenden Mediums zur Beratung ihrer Zielgruppe treffen zu können. Nicht zuletzt sind diese Kenntnisse auch für die Kombination dieser Settings im Beratungsprozess (► Kap. 3) grundlegend.

2.4 Niedrigschwelligkeit in der Beratung

Niedrigschwelligkeit (oder auch Niederschwelligkeit) ist ein Qualitätskriterium für Beratungsangebote. Potenzielle Klient*innen kostet es vielfach Überwindung, den ersten Schritt zu tun und sich Hilfe und Unterstützung zu holen. Insofern ist es folgerichtig, diesen ersten Schritt so weit als möglich zu erleichtern und mögliche Schwellen abzubauen. In der analogen Beratung kann dies bedeuten, die tatsächliche räumliche Schwelle möglichst niedrig zu gestalten durch einfache Erreichbarkeit, gute Auffindbarkeit und unkomplizierte Möglichkeiten des Erstkontakts, z. B. in Form von offenen Angeboten zur Erleichterung der Kontaktaufnahme wie bspw. einem Cafétreff in der Jugendberatung oder eines Mittagstischs in der Suchtberatung (Hollstein-Brinkmann & Knab 2016). Dies kann auch bedeuten, Hilfs- und Unterstützungsangebote dort zu platzieren, wo die Adressat*innen bereits sind wie bspw. in der aufsuchenden Sozialarbeit.

2 Niedrigschwellige Zugänge – Beratung im digitalen Setting

Historisch betrachtet sind telefonische Beratungsangebote insofern niedrigschwellig, als sie räumliche Flexibilität ermöglichen, d. h., ein helfendes oder unterstützendes Gespräch kann erfolgen, egal an welchem Ort sich die ratsuchende Person befindet (▶ Kap. 2.3.5, ▶ Kap. 5.3.1). Seit mehr als zwei Jahrzehnten gehört auch die digitale Hilfe und Unterstützung zu den niedrigschwelligen Beratungsangeboten und es lohnt sich, die einzelnen Aspekte Vervielfältigung der Zugänge, Niedrigschwelligkeit im Prozess, Anonymität und Beziehungsgestaltung etwas näher zu betrachten.

2.4.1 Vervielfältigung der Zugänge zum Beratungsangebot

Der Zugang oder besser die Zugänge zu einem Beratungs- und Hilfsangebot sind ganz wesentlich für seine Inanspruchnahme. Zentrales Kennzeichen von digitalen kommunikativen Settings ist ihre räumliche bzw. örtliche Flexibilität, d. h., der*die Klient*in kann das Angebot in Anspruch nehmen, auch wenn er*sie sich an einem anderen Ort befindet als der*die Berater*in.

Ein weiterer Aspekt von Vielfalt besteht darin, dass Klient*innen unkompliziert mehrere Anfragen bei unterschiedlichen digitalen Beratungsangeboten stellen können. Hinzu kommt die zeitliche Flexibilität, die bei allen asynchronen Settings gegeben ist, d. h., der*die Klient*in kann das eigene Anliegen formulieren und deponieren, z. B., indem er*sie eine Mail an den*die Berater*in schreibt oder eine Sprachnachricht hinterlässt, egal zu welchem Zeitpunkt dies stattfindet.

Dies trägt dazu bei, dass Hilfsangebote unkompliziert erreichbar sind. Dies ist auch unter dem Aspekt der Lebensweltnähe bedeutsam, denn

> »wenn Soziale Arbeit also die lebensweltlichen Zusammenhänge ihrer Adressat*innen berücksichtigen will, erscheint es zunächst unverzichtbar, sich in mediale Kontexte zu begeben, um die Adressat*innen zu erreichen und um ihnen alltagsentsprechende Angebote zur Verfügung stellen zu können« (Kutscher 2014, 40).

Anspruch ist also ein verbesserter Zugang zu Unterstützungs- und Beratungsangeboten durch die Schaffung neuer, zusätzlicher, niedrigschwelliger, adressat*innenzentrierter Zugänge: »Geht es darum, möglichst vielen Menschen einen niedrigschwelligen Zugang zu Hilfesystemen zu ermöglichen, führt kein Weg daran vorbei, möglichst unterschiedliche Zugangswege anzubieten« (Wenzel 2015, 39).

Ein weiterer Faktor ist die Prävention, d. h. die Idee, dass sich Ratsuchende frühzeitiger an eine professionelle Stelle wenden, um so längerfristige und schwerwiegende Folgen zu verhindern.

Verknüpfung mit Inhalten: Zugleich Prävention und Öffentlichkeitsarbeit

Gegenüber einem telefonischen oder Face-to-Face-Beratungsangebot ist es bei einer Onlineberatung einfach möglich, kostengünstig Informationen bereitzustellen und sogar mit Informationsquellen Dritter zu verknüpfen. Dies bringt Vorteile gerade in den Beratungsfeldern, in denen es auch darum geht, Inhalte und Wissen zu einem bestimmten Thema zu vermitteln. Allerdings bedarf es dabei konzeptioneller Überlegungen, welche Inhalte man der jeweiligen Zielgruppe in welcher Weise bereitstellen möchte. Und auch beim Verweis auf externe Quellen genügt es nicht, einfach auf die jeweiligen Seiten zu verweisen, sondern es bedarf auch einer fachlich vertretbaren Einbettung in das Beratungsangebot, so dass die Klient*innen mit den Inhalten nicht allein gelassen werden. Die Bereitstellung der Inhalte kann für die Beratung einen Mehrwert darstellen. Da bestimmte Fragen in speziellen Beratungsfeldern immer wieder auftauchen, können sie kosteneffizient aufbereitet und für viele potenzielle Klient*innen bereitgestellt werden. So können die Selbstorganisationskräfte der Ratsuchenden ernst genommen, genutzt und aktiv eingebunden werden. Ressourcenaktivierung und Selbstwirksamkeitserfahrungen können so im Sinne des Grundsatzes »Hilfe zur Selbsthilfe« genutzt werden.

Indem häufig gestellte Fragen sowie die dazugehörigen Antworten aus Beratungen als FAQ aufbereitet ins Netz gestellt werden, überlagern sich die zunächst konzeptionell getrennten Funktionen Beratung, Prävention und Öffentlichkeitsarbeit und generieren damit auch wechselseitig Synergieeffekte.

Wird Niedrigschwelligkeit aus technischer Sicht betrachtet, so umfasst dies einen einfachen Zugang möglichst ohne Hürden sowie eine gute Usability und digitale Barrierefreiheit der verwendeten technischen Lösung (▶ Kap. 5).

2.4.2 Niedrigschwelligkeit während des Beratungsprozesses

Neben dem Zugang zum Beratungsangebot ermöglichen digitale kommunikative Settings auch einen niedrigschwelligen Zugang während eines laufenden Beratungsprozesses (▶ Kap. 3). So kann bspw. über Kurzkontakte per Messenger oder Sprachnachricht die Beratungsbeziehung stabilisiert oder längere Pausen im Beratungsprozess überbrückt werden. Klient*innen können während des Prozesses zwischen asynchronen und synchronen kommunikativen Settings wechseln.

So bietet bspw. die Schweizer Suchtberatungsplattform SafeZone die Möglichkeit, neben der asynchronen Mailberatung auch eine synchrone Sprechstunde per Chat in Anspruch zu nehmen (Bachmann & Steinle 2014). Verschiedene Anbieter von Beratungsplattformen haben inzwischen reagiert und bieten die Kombination von synchronen und asynchronen kommunikativen Settings an. So kann von beiden Seiten im Beratungsprozess flexibel auf die Anliegen Bezug genommen werden.

Die Niedrigschwelligkeit ergibt sich jedoch nicht nur aus dem Zugang zum Beratungsprozess, sondern durch das mögliche Ende. Klient*innen können einfach wegbleiben, entweder weil das Anliegen geklärt ist oder die Beratung nicht ihren Vorstellungen entsprach (Kühne 2021). Beratende wissen in der anonymen Mailberatung häufig nicht, ob das Ende eines Beratungsprozesses eher positive oder negative Gründe hat. Eugster betont das geringere Stigmatisierungsrisiko in der anonymen Onlineberatung: dadurch, dass der Ratsuchende mit einem Tastendruck »weg« sein kann, bleibt er »User« und wird weniger zum »Klienten« (Interview mit Reto Eugster in Pichler 2014).

2.4.3 Anonymität – ein geschützter Raum mit neuen Möglichkeiten

Ein weiterer Anspruch ist es, auch schwer erreichbare Personen besser als bisher zu unterstützen. »Durch Neue Medien, insbesondere durch anonyme Beratungsangebote, können nun auch diejenigen Menschen erreicht werden, die sich nicht in der Lage fühlen, professionelle Hilfe vor Ort zu suchen« (Wenzel 2015, 38). Dies gilt insbesondere für tabuisierte schambesetzte Themen, die im anonymen Setting leichter angesprochen werden können. Insofern ist Anonymität ein bedeutsamer Faktor aus Sicht von Klient*innen für die Niedrigschwelligkeit eines Angebots.

Dazu trägt auch der von Suler (2004) beschriebene Disinhibition Effect bei: Im positiven Sinne zeigt sich dieser Enthemmungseffekt in einer größeren und schnelleren Offenheit im anonymen Setting. Die Kehrseite dieses Effekts ist in Form von Shitstorms und Hasskommentaren hinlänglich bekannt.

Bei anonymer Beratung gilt es zu unterscheiden, welcher Art die Anonymität ist, da in der Beratungspraxis verschiedene Formen vorkommen (▶ Tab. 6).

Tab. 6: Formen der Anonymität

Form	Beschreibung
Prinzipielle Anonymität	Klient*innen machen keine Angaben zur Person, die verifiziert werden können. Sie können ein Pseudonym statt ihres Namens verwenden.
Keine standardisierten Angaben zum*zur Klienten*in	Es gibt zu Beginn der Beratung keine standardisierte Abfrage zur Person des*der Klient*in wie etwa Geschlecht, Familienstand, Alter etc.
Anonymität auf beiden Seiten (Berater*in und Klient*innen)	Die Anonymität gilt auch auf Berater*innenseite. Auch diese arbeiten mit Pseudonymen.

Tab. 6: Formen der Anonymität – Fortsetzung

Form	Beschreibung
Absolute Anonymität des*der Klient*in	Der Beratungsanbieter stellt in seinem Angebot sicher, dass IP-Adressen der Nutzer*innen nicht gespeichert werden. So ist eine Zurückverfolgung nicht möglich.

Bereits die Tatsache, dass ein*e Ratsuchende*r Vor- und Nachnamen sowie Adresse nicht nennen muss, verändert etwas in der Beratung. Das gilt noch mehr, wenn selbst ein Vorname nicht genannt werden muss und beim Anmelden zu einem Beratungsportal der Eintrag »Pseudonym« angeboten wird. Bereits beim anonymen Telefonieren verändert sich für viele Menschen die Bereitschaft vertrauliche Tatsachen und Gedanken preiszugeben. So verändert anonyme Onlineberatung die Beziehungsgestaltung von Anfang an. Viel schneller und weitergehend benennen die Nutzer*innen solcher Hilfsangebote auch heikle Problematiken und schambesetzte oder gar tabuisierte Themen. Das hat beratungsfachlich viele Vorteile. So können Menschen in verschiedensten Problemlagen früher erreicht werden, als das bei Face-to-Face-Angeboten vor Ort der Fall wäre. Nicht wenige Ratsuchende melden in einer solchen Konstellation zurück, dass sie sich keinesfalls in einer Beratungsstelle vor Ort gemeldet hätten, und sind später im Beratungsprozess dann häufig dennoch bereit, auch vor Ort Hilfe zu suchen. In der anonymen Kommunikation können viele Menschen leichter Gefühle ausdrücken als in einer Situation, in der sie ihr Gesicht zeigen.

Nun unterscheiden sich die Beratungskonzepte allerdings darin, wie ein Beratungsprozess gestaltet wird in Bezug auf die Kenntnis einer Person und ihrer Lebensumstände. Während bei den einen Onlineberatungsanbietern zu Beginn keinerlei Angaben abgefragt werden, gibt es andere, die vor Beginn der eigentlichen Beratung eine Art standardisierten Fragebogen vorschalten. Das hat Auswirkungen auf den Beratungsprozess, da der Fokus bereits durch dieses Abfragen gelenkt wird und durch die Preisgabe der persönlichen Angaben bei den Nutzenden subjektiv die Anonymität aufgeweicht wird.

2.4 Niedrigschwelligkeit in der Beratung

Die Anonymität bringt dabei gerade für Jugendliche in besonderer Weise Vorteile, wie Petzold beschreibt:

> »Die Anonymität und die häufig auf Text eingeschränkte Kommunikation bieten Jugendlichen in ihrer Unerfahrenheit einen geschützten Raum zum Experimentieren. Man kann z. B. im Chat einerseits schnell mit anderen in synchroner Kommunikation in Austausch treten, muss sich aber nicht mit der ganzen Person einbringen (vgl. Beißwenger, 2001). Das ist für Jugendliche, die sich ihrer selbst (z. B. in der Wahrnehmung des eigenen Körpers, des Geschlechts usw.) noch unsicher sind, eine Chance« (Petzold 2006, 10).

Sich »nicht mit der ganzen Person einbringen« zu müssen, kann in der Anonymität aber auch noch weitergehen und über das nicht Ansprechen oder Verschweigen hinaus die Ratsuchenden auch neue Identitätsaspekte kreieren lassen.

Betrachtet man hingegen Anonymität aus Sicht der*der Berater*in, so zeigen sich noch andere Aspekte: Kühne (2021) verweist auf die beraterischen Herausforderungen, die dieses Setting beinhaltet:

> »Die unbewusste Interpretation einer schriftlichen Anfrage ist ein Prozess, der beim Lesen eines Textes automatisch passiert. Texte lösen Resonanzen aus und lassen Bilder im Kopf der Berater*innen entstehen, die etwas mit der Person hinter der Anfrage zu tun haben können, jedoch nicht müssen« (Kühne 2021, 84).

Hier gilt es mit Weiterbildungen die notwendige Methodenkompetenz für ein anonymes Beratungssetting zu entwickeln (Knatz 2005, 2009, Knatz & Dodier 2021).

Im Rahmen eines Projekts (Hörmann et al. 2019) zeigte sich, dass Beratende es nicht unbedingt positiv einschätzen, das anonyme Onlineberatungs-Setting zu verlassen, da dieses Setting teilweise über positive Projektionen und Idealisierungen der Beratungsperson durch die*den Klient*in für den Prozess förderlich sein kann und ein Verlassen des anonymen Schutzraums mit einer Desillusionierung einhergehen könnte.

2.5 Begegnung und Beziehung im virtuellen Raum

Paradoxie: Nähe durch Distanz

Die Telefonseelsorge hat schon sehr früh das Phänomen »Nähe durch Distanz« genutzt, das sich in der telefonischen Beratung, aber auch in der Onlineberatung zeigt. Dabei handelt es sich um eine Paradoxie, dass es möglich ist, trotz oder gerade wegen der räumlichen Distanz im Gespräch schnell in eine nahe und emotionale Kommunikation einzusteigen. Dabei spielt das Phänomen Anonymität eine große Rolle, da bei dieser Fernkommunikation nicht bekannt sein muss, wer auf der anderen Seite kommuniziert. Das vermindert das Schamgefühl und macht es möglich, schnell auf den Punkt der Problematik zu kommen, ohne sich erst allzu lange bekannt machen zu müssen.

Großmaß (2007) hat schon früh auf die Bedeutung des Raums für die Beratung hingewiesen und dies gilt umso mehr für die Beratung im digitalen Setting, da auch dort »mithin ein persönlicher Kontakt, eine reale Beratung im digitalen Raum« stattfindet (Kühne 2021, 81). Standen viele Jahre Reflexionen zur schriftsprachlichen »Begegnung« im Fokus, so hat sich dies mittlerweile deutlich auf den digitalen Raum in der Videoberatung verlagert, der in jüngerer Zeit umfassend thematisiert und beforscht wird (Bruni 2021, Dolev-Amit, Leibovich & Zilcha-Mano 2020, Geller 2020, Grondin et al. 2020, Sümmerer 2020, Susmann 2022).

In der Begegnung im schriftsprachlichen virtuellen anonymen Raum geht es insbesondere um einen professionellen Umgang mit eigenen Bildern und Vorannahmen.

»Ich sehe was, was du nicht bist«

Es liegt »in der Natur von Texten, dass sie stets Raum für Interpretationen lassen. Diese Interpretationen können unbewusst oder bewusst stattfinden. (…) Hier liegt eine Möglichkeit für voreilige Einschätzun-

> gen und auch Fehlschlüsse. So kann der Satz ›Ich möchte eine Ausbildung beginnen, da ich in der Partnerschaft mit meinem Mann gerne beruflich gleichberechtigt sein möchte‹ sowohl von einer Frau als auch von einem Mann geschrieben worden sein, wobei viele im ersten Impuls der (unbewussten) Resonanz automatisch eine Frau als Absenderin konstruieren. Dieses Beispiel soll exemplarisch verdeutlichen, dass in der Onlineberatung besondere Sorgfalt walten muss, wenn es um die Trennung von Fakten und Vermutungen geht. (…) Als gute Praxis hat sich etabliert, die eigenen Vermutungen als solche zu kennzeichnen (z. B. durch ›habe ich das richtig verstanden?‹) um nicht gleich zu Beginn der Beratung auf eine falsche Fährte zu kommen« (Kühne 2021, 84 f.).

Beziehung lässt sich auch im virtuellen Raum aufbauen und prozessorientiert herstellen. Dies gilt insbesondere auch für den Raum bzw. die Räume in der Videoberatung. Sümmerer (2020) betont die Notwendigkeit Klient*innen aktiv dabei zu unterstützen, in den digitalen Beratungsraum ›zu kommen‹, auch wenn er*sie zuhause ist. Insofern ist die Idee, die Klient*innen ›abzuholen, wo sie sind‹, sehr wörtlich zu nehmen. Dies beinhaltet auch, die Tatsache, dass sich Berater*in und Klient*in physisch in getrennten Räumen befinden, als interaktionelle Herausforderung und Chance anzusehen. So gilt es,

- aktiv die räumliche Distanz zu überbrücken, damit der*die Klient*in sich in den gemeinsamen virtuellen Raum eingeladen fühlt, z. B. indem sich beide erzählen, was sie beim Blick aus dem Fenster sehen,
- den virtuellen Beratungsraum gemeinsam zu gestalten (Licht, Bildausschnitt, Hintergrund etc.) mit dem Ziel, dass sich beide wohlfühlen,
- technische Aspekte auch beraterisch zu betrachten: »So fern und doch so nah« (ebd.) kann beinhalten, dass schneller Nähe entsteht, wenn bspw. die Stimme des Gegenübers über ein Headset wahrgenommen wird.

Susman (2022) geht in ihrer Analyse der Psychologie des Onlineraums noch weiter und identifiziert vier räumliche Ebenen:

- der eigene physische Raum,
- die imaginierten physischen Räume des bzw. der Anderen,
- die Bildschirmansicht des Gegenübers,
- der (gemeinsame) Interaktionsraum.

Um in diesen Räumen tatsächlich mit »anderen virtuell erfolgreich in Beziehung treten zu können, bedarf [es] der Fähigkeit, in eine virtuelle Umgebung so eintauchen zu können, als befände man sich gemeinsam tatsächlich am imaginierten Ort« (ebd., 5). Für eine »horizontale Beziehungsgestaltung« ist die

> »Entwicklung einer reflexiven Praxis in Würdigung der Komplexitäten und Widersprüchlichkeiten von Online-Verbindung/Beziehung (…) ein unbedingt notwendiger Schritt (…). Sie ist unabdingbar für Bereiche, in denen persönliches Wachstum, Exploration, Lernen und Kollaboration ebenso gefördert werden sollen, wie die Begegnung von Menschen in ihrer Ganzheitlichkeit« (ebd., 5).

Zu den Widersprüchlichkeiten bzw. Paradoxien des virtuellen Raums nach Susman gehört folgendes:

- *Selbstbeobachtung versus Selbstvergessenheit:* Einerseits beobachten wir uns im Videosetting nahezu permanent selbst in einer Art Monitoring der eigenen Mimik, andererseits kann es – insbesondere bei Gruppenmeetings, wenn das eigene Bild nicht sichtbar ist – dazu führen, zu vergessen, dass die anderen uns trotzdem sehen können.
- *Informationsparadox:* zu wenig Informationen auf körperlicher Ebene versus einer kognitiven Info-Flut. Susman (2022) plädiert hier für die gezielte Förderung einer Mono-Tasking-Kultur anstelle eines dysfunktionalen Multi-Tasking-Mythos.
- *Disinhibition versus Inhibition:* Neben dem beschriebenen Enthemmungseffekt kann es im virtuellen Raum auch Hemmungen aufgrund der technologischen Vermitteltheit geben. Das Gegenüber benötigt evtl. mehr Zeit, um sich einbringen zu können.
- Auch die *Wahrnehmung der Privaträume* hat zwei Seiten: So kann die Sichtbarmachung der eigenen privaten Wohnumgebung ein potenzieller Verunsicherungs- und Schamfaktor sein. Zugleich kann die Ver-

trautheit der Privaträume ein Gefühl der Sicherheit und damit einhergehend größere Offenheit schaffen.

Die beschriebenen Aspekte zeigen, dass ein Beziehungsaufbau im virtuellen Raum dann möglich ist, wenn dieser »Raum mit seinen Besonderheiten« von den Beratenden aktiv gestaltet wird. Wenzel (2015) hat deutlich gemacht, dass es einem Mythos gleicht, wenn Beratende annehmen, ein unmittelbarer Kontakt und eine echte Begegnung seien nur im kopräsenten Face-to-Face-Gespräch möglich: Die Vielfalt der digitalen Beratungs-Räume zeigt uns neue Möglichkeiten, die für Beratung genutzt werden können.

> **Reflexionsfragen**
>
> - Welche Formate von Beratung im digitalen Setting gibt es und was sind deren jeweilige Stärken?
> - Weshalb war und ist Niedrigschwelligkeit ein wesentlicher Erfolgsfaktor für Beratung im digitalen Setting? Welche Elemente kennzeichnen diese?
> - Welche besonderen Kennzeichen finden sich im virtuellen Raum und was bedeutet dies für die Beratungsbeziehung?

Weiterführende Literatur

Engelhardt, Emily M. (2021): Lehrbuch Onlineberatung (2., erw. Aufl.) Göttingen: Vandenhoeck & Ruprecht.
Engelhardt, Emily M. & Piekorz, Katharina (2022): Einführung in die Onlineberatung per Messenger. In: e-beratungsjournal.net 18 (1), 18–33. Unter: https://www.e-beratungsjournal.net/wp-content/uploads/2022/02/engelhardt_piekorz.pdf.
Knatz, Birgit & Dodier, Bernard (2021): Mailen, chatten, zoomen: Digitale Beratungsformen in der Praxis. Stuttgart: Klett-Cotta.
Kühne, Stefan & Hintenberger, Gerhard (Hrsg.) (2009): Handbuch Online-Beratung. Psychosoziale Beratung im Internet. Göttingen: Vandenhoeck & Ruprecht.
Wenzel, Joachim (2018): Familien im Medienzeitalter. Digitalisierung in der Beratungspraxis. Göttingen: Vandenhoeck & Ruprecht.

3 Digital und analog im Mix – Blended Counseling

> ☞ **Überblick**
>
> Blended Counseling gewinnt als Konzept für die Praxis der Sozialen Arbeit zunehmend an Bedeutung. Dieses Kapitel verdeutlicht,
>
> - was Blended Counseling umfasst und wie es definiert wird,
> - wie ein Blended-Counseling-Modell aussehen kann,
> - welche allgemeinen Impactfaktoren bisher identifiziert wurden, d. h., was mit Blended Counseling bewirkt werden soll,
> - wie ein Fallverlauf im Blended Counseling aussehen kann.

Da es zu Blended Counseling bisher eher wenig Forschung sowie kaum ausdifferenzierte Modelle gibt, beziehen sich die Ausführungen in diesem Kapitel überwiegend auf Forschungs- und Entwicklungsprojekte zu Blended Counseling in den Jahren 2015 bis 2022, die in verschiedenen beraterischen Handlungsfeldern vom Forschungs- und Arbeitsschwerpunkt Blended Counseling der Hochschule für Soziale Arbeit der FHNW gemeinsam mit Praxisorganisationen durchgeführt wurden. Dabei wurde Blended Counseling handlungsfeldspezifisch konkretisiert, erprobt und diese Erprobung differenziert evaluiert (Camenzind et al. 2021, Hörmann et al. 2019, Hörmann 2018, Flammer & Hörmann 2018). In weiteren Projekten wurden einzelne Aspekte vertiefend untersucht (Silfverberg et al. 2022, Hörmann 2020a, Hörmann 2020b). Der Diskurs zu Blended Counseling wird ebenfalls einbezogen, insbesondere die grundlegenden Arbeiten des e-Beratungsinstitutes der TH Nürnberg (Engelhardt & Reindl 2016, Weiß 2013, Weiß & Engelhardt 2012).

3.1 Vom ›Entweder/oder‹ zum ›Sowohl als auch‹

Die Idee des Blended Counseling ist noch jung im Vergleich zur ›klassischen‹ Onlineberatung. Deren Vorteile (▶ Kap. 2) werden im Blended Counseling im Sinne eines ›Sowohl als auch‹ gezielt mit den Vorteilen der Face-to-Face-Beratung kombiniert. Dazu zunächst ein Beispiel.

Praxisbeispiel

Eine 16-jährige Schülerin, nennen wir sie Mia, nutzt die offene Tür und kommt ins Büro der Schulsozialarbeiterin. An vielen Schulen ist auf diese Weise eine erste niedrigschwellige Kontaktaufnahme mit der Fachperson der Schulsozialarbeit möglich. In einem kurzen Erstgespräch kann Mia ihr Anliegen erläutern und so vereinbart die Schulsozialarbeiterin einen Gesprächstermin direkt am darauffolgenden Tag.

Am folgenden Tag haben beide ausreichend Zeit, um Mias Situation anzuschauen und gemeinsam zu sortieren. Auch werden erste kleine Lösungsschritte ins Auge gefasst. Gegen Ende des Gesprächs erläutert die Schulsozialarbeiterin die Möglichkeit, die Beratung in einem Blended Format fortzuführen. So könnte sich Mia außerhalb der Schulzeit über einen Messenger oder auch telefonisch melden, wenn sie ein dringendes Anliegen oder eine kurze Frage hat oder wenn es ihr nicht gut geht. Mia ist an dieser Möglichkeit interessiert, und so installieren sie gemeinsam einen Messenger, der einen vertraulichen geschützten Kontakt ermöglicht (wie bspw. Threema). Die Kosten von wenigen Euro bzw. Franken können über das Budget der Schulsozialarbeit finanziert werden. Auch ein telefonischer Kontakt kommt aus Sicht von Mia in Frage, so dass sie sich die Nummer des Diensthandys der Schulsozialarbeiterin notiert. Mia erfährt zudem, dass eine Messengernachricht ausschließlich von Montag bis Freitag tagsüber beantwortet wird, dann jedoch i. d. R. sehr kurzfristig. Bei Anrufen empfiehlt es sich, eine Nachricht zu hinterlassen, und auch hier wird werktags kurzfristig ein Rückruf erfolgen. Anschließend vereinbaren die beiden zudem einen weiteren Termin für ein persönliches Beratungsgespräch in zwei Wochen.

Das Beispiel veranschaulicht, wie die Schulsozialarbeiterin durch das Angebot eines Einbezugs digitaler Medien in die Beratung prozessorientiert auf die Bedürfnisse der Schülerin eingeht und mittels zusätzlicher niedrigschwelliger Kontaktmöglichkeiten eine potenziell engmaschigere Begleitung und eine größere Intensität im Prozess anbietet, um auf diese Weise die Schülerin in ihrer jeweiligen Situation zu unterstützen. Neu daran ist die Idee, dass Beratungsgespräche bzw. Kurzkontakte im digitalen Setting in den Beratungsprozess integriert werden und nicht (nur) als eigenständiges Angebot parallel zur kopräsenten Face-to-Face-Beratung erfolgen.

> **Hinweis**
>
> Im Diskurs finden sich die Schreibweisen Blended Counseling (AE) und Blended Counselling (BE), überwiegend wird die amerikanische Schreibweise »Counseling« verwendet.

Zunächst wurde Blended Counseling definiert als »Mischform aus Offline- und Onlineberatung, die im Beratungsprozess Anteile der Onlineberatung und Anteile der Face-to-Face-Beratung systematisch miteinander verbindet« (Weiß 2013, 14). Teilweise findet sich der Begriff des »Distance Counseling«, der stärker die räumliche Entfernung bei der Beratung im digitalen Setting betont: Blended Counseling ist »eine zielgeleitete und systematische Mischung von Anteilen aus dem Distance Counseling mit Anteilen aus der Beratung, die direkt von Angesicht-zu-Angesicht in einem als Beratungssetting definierten Rahmen stattfindet« (Engelhardt & Storch 2013, 9).

> **Blended Counseling**
>
> umfasst die systematische, konzeptionell fundierte und passgenaue Kombination von digitalen und analogen Kommunikationssettings in der Beratung (in Anlehnung an Hörmann et al. 2019).

Blended Counseling umfasst also mehr als die situative oder zufällige Kombination verschiedener kommunikativer Settings in der Beratung. Es zielt auf einen konzeptionell begründeten Wechsel zwischen Gesprächen im Face-to-Face-Kontakt vor Ort und mittels digitaler Kommunikationskanäle. Dahinter steht die Idee, die jeweiligen Vorteile der verschiedenen kommunikativen Settings gezielt beraterisch miteinander zu kombinieren und dadurch einen größeren Nutzen im Beratungsprozess zu erzielen.

Betrachten wir die verschiedenen Aspekte der Definition im Einzelnen (Hörmann et al. 2019):

- Die Kombination der kommunikativen Settings erfolgt *systematisch*, d. h., Blended Counseling basiert auf einer differenzierten Kenntnis der jeweiligen Vor- und Nachteile der verschiedenen kommunikativen Settings sowie von deren kommunikativen Möglichkeiten und Grenzen im Beratungsprozess.
- Blended Counseling *basiert auf konzeptionellen Überlegungen* zu möglichen Impactfaktoren, konzeptionellen Schwerpunkten sowie einem differenzierten Blick auf die Klient*innen, die damit angesprochen werden sollen und potenziell profitieren könnten.
- Blended Counseling nimmt direkt *Bezug auf die Lebenswelt der Klient*innen*, d. h. auf deren Mediennutzung im Alltag, deren Präferenzen im Hinblick auf kommunikative Settings und auf weitere Aspekte, die Grundlage für die Konzeption eines möglichst passgenauen Beratungsprozesses sind. Das Konzept der Lebensweltorientierung ist insbesondere in der Beratung in der Sozialen Arbeit von Bedeutung (Thiersch 2014).

In der Literatur finden sich weitere ähnliche Begriffe.

> **Blended Treatment**
>
> bezeichnet dieselbe Grundidee, bezieht sich jedoch auf den therapeutischen bzw. klinischen Kontext und wird verstanden als »Psychotherapie, in der ein Therapeut Face-to-Face-Therapiesitzungen mit Online-Anwendungen von standardisierten Selbsthilfe-Programmen, individualisierten Online-Tools und -Modulen, Kurznachrichten, Web-Mails, Chat-Elementen oder Videotelefonie kombiniert« (Justen-Horsten & Paschen 2016, 83).
>
> **Blended Coaching oder virtuelles Coaching**
>
> Der Begriff Blended Coaching findet sich im Fachdiskurs eher selten (Engfer & Thomann 2014). Im Coachingdiskurs stärker verbreitet ist der von Harald Geißler geprägte Begriff des »virtuellen Coachings«. Geißler versteht unter diesem Sammelbegriff alle Coachingformate mit modernen Medien. Im Hinblick auf die Kombination verschiedener Beratungsmedien sieht er für virtuelles Coaching grundsätzlich zwei Möglichkeiten: Neben dem virtuellen Coaching als eigenständigem Format, bei dem Coachingprozesse ausschließlich virtuell durchgeführt werden, kann es auch als additives Format genutzt werden, indem Verfahren des virtuellen Coachings klassische Coachingprozesse bereichern (Geißler 2014, 2018).

3.1.1 Ausgangspunkte von Blended Counseling

Zunächst sind zwei verschiedene Entwicklungsrichtungen für Blended Counseling denkbar: So kann die Face-to-Face-Beratung vor Ort als Ausgangspunkt genommen und zu einem Blended Counseling weiterentwickelt werden. Es können sich auch »traditionelle« Onlineberatungsangebote durch die Integration einer »Brücke« zur Face-to-Face-Beratung vor Ort zu einem Blended Counseling erweitern (z. B. DCV 2019, Hörmann et al. 2020) (▶ Abb. 1).

3.1 Vom ›Entweder/oder‹ zum ›Sowohl als auch‹

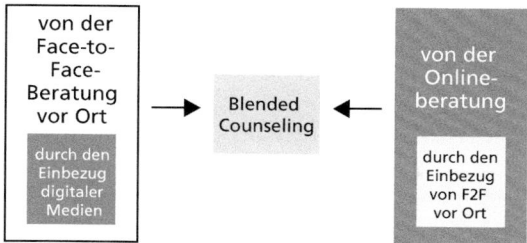

Abb. 1: Ausgangspunkte für Blended Counseling (weiterentwickelt: Hörmann et al. 2019, 24)

Es lohnt sich, diese beiden Entwicklungsrichtungen etwas näher zu betrachten: Die Entwicklung von Blended Counseling ausgehend von der Face-to-Face-Beratung vor Ort basiert häufig auf bereits vorliegenden Konzepten der jeweiligen Beratungsstelle bzw. des Beratungsanbieters, in die dann die Überlegungen zu Blended Counseling integriert werden. Dies umfasst insbesondere Fragen zur Erreichbarkeit der Adressat*innen, zu deren Mediennutzung sowie zu weiteren konzeptionellen Aspekten. Insbesondere im Hinblick auf mögliche Impactfaktoren von Blended Counseling lohnt sich ein differenzierter Blick (▶ Kap. 3.2, ▶ Kap. 3.3).

Ist ein Onlineberatungsangebot Ausgangspunkt, so werden dessen Konzeption sowie die vorhandenen technischen Möglichkeiten die Überlegungen für Blended Counseling rahmen. So ermöglicht bspw. die freiwillige Angabe einer Postleitzahl bei der Registrierung eine regionale Zuordnung der Beratungsperson. Dann kann zunächst eine niedrigschwellige anonyme Onlineberatung angeboten werden und zugleich kann – wenn dies im Verlauf des Prozesses aus Sicht von Klient*in und Berater*in gewünscht ist – auch in ein Face-to-Face-Setting bei derselben Beratungsperson vor Ort gewechselt werden. Dies ist ansonsten in reinen Onlineberatungssettings zumeist nicht möglich, da die Zuordnung der Beratenden bspw. nach den Kriterien zeitliche Verfügbarkeit und fachliche Expertise erfolgt, so dass die Beteiligten sich an ganz verschiedenen Orten befinden können und eine Verlagerung des Prozesses in ein Setting vor Ort nicht möglich ist. Zumeist wird dort die Weitervermittlung in Beratungsstellen vor Ort angeboten, aber dies ist für manche Klient*innen hochschwellig, da sie dann mit einer neuen Beratungsperson sozusagen wieder bei null anfangen müssen.

3.1.2 Varianten von Blended Counseling

Neben den beiden angeführten Entwicklungsrichtungen lassen sich verschiedene Varianten von Blended Counseling unterscheiden (Hörmann et al. 2019) (▶ Abb. 2).

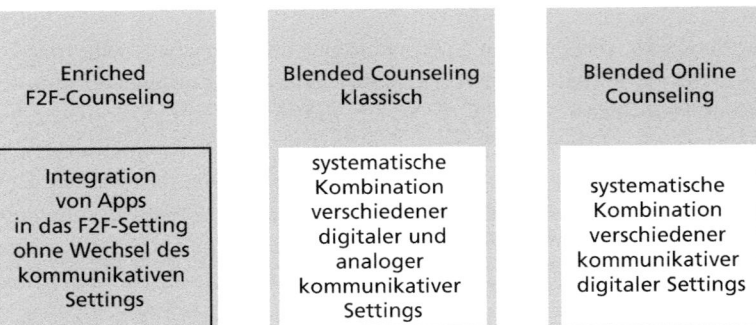

Abb. 2: Varianten von Blended Counseling (weiterentwickelt: Hörmann et al. 2019, 25)

Neben der klassischen Variante von Blended Counseling findet sich bereits bei Weiß (2013) der Hinweis auf die Möglichkeit eines *Blended Online Counseling*: Bei dieser Variante wird ausschließlich zwischen verschiedenen digitalen Kommunikationssettings gewechselt. So können bspw. beim Suchtberatungsportal SafeZone asynchrone Mailkontakte im Beratungsprozess mit einer synchronen Chatberatung in Form einer Sprechstunde mit Terminvereinbarung kombiniert werden (Bachmann & Steinle 2014, Meier & Schaub 2016).

Enriched

im Sinne von angereichert bzw. bereichert, umfasst in didaktischen Kontexten die Anreicherung von virtuellen Lernumgebungen z. B. durch Präsenzphasen.

In Anlehnung an Überlegungen im Blended Learning zu einem »enriched virtual model« (Christensen, Horn & Stake 2013, 27) wird beim Enriched Face-to-Face-Counseling ein Beratungsgespräch vor Ort mit Apps gezielt ›angereichert‹: So könnte bspw. in der Suchtberatung im Rahmen einer Face-to-Face-Beratung mit einer Suchttagebuch-App gearbeitet werden. Dabei wird die App mit ihren Ergebnissen direkt in die Vor-Ort-Beratung einbezogen. Im Unterschied zum Blended Counseling wird das Face-to-Face-Setting jedoch nicht verlassen bzw. die App wird nicht dialogisch für einen Beratungskontakt außerhalb des Face-to-Face-Settings genutzt. Deshalb wurde für diese Variante der Begriff des »Enriched Face-to-Face-Counseling« entwickelt (Hörmann et al. 2019).

Weiß (2013) unterscheidet vier Varianten in Anlehnung an einen idealtypischen Beratungsprozess:

- »*Orientierung online*«, d. h. Kontaktaufbau und die Klärung des Anliegens finden online statt. Dies ermöglicht einen eher unverbindlichen ggf. sogar anonymen Erstkontakt und eignet sich für Personen, die zwar an Beratung vor Ort interessiert sind, ggf. aber Berührungsängste haben. Zudem kann die Hemmschwelle bei stigmatisierten, schambesetzten Themen gesenkt werden (ebd., 38 ff.).
- »*Veränderung online*«: Hier finden die Orientierungs-, die Klärungs- und die Abschlussphase jeweils Face-to-Face statt, wohingegen die Durchführungsphase onlinebasiert erfolgt. So können mehrere Online-Kontakte in den Unterstützungsprozess integriert werden, was sich potenziell positiv auf die Verbindlichkeit der getroffenen Vereinbarungen und stabilisierend auf die Beratungsbeziehung auswirkt. Weiß empfiehlt diese Variante für komplexe Problemsituationen, bei denen der Klärungsprozess viel Zeit in Anspruch nimmt, da über das digitale Setting

in der Veränderungsphase eine effiziente Begleitung des*der Klient*in bei der Umsetzung eines Handlungsplans mithilfe häufiger Kurzkontakte möglich wird. Auch kann die Beratungsperson bei Bedarf schnell reagieren (ebd., 46 ff.).
- »*Abschluss online*« umfasst insbesondere Möglichkeiten der Nachsorge im digitalen Setting (ebd., 54 ff.).
- »*Flexibler Wechsel*«: In dieser Variante erfolgt ein situativer, bedarfs- und zielorientierter (wiederholter) Wechsel zwischen digitalen und analogen Kommunikationskanälen im Beratungsprozess, um die jeweiligen Vorteile flexibel zu nutzen. Dies kann von beiden Seiten initiiert werden (ebd., 58 ff.).

Engelhardt und Reindl (2016) identifizieren vier Blended-Counseling-Varianten:

- Start mit einem Medium des Distance Counseling und anschließend eine Weiterführung in der Face-to-Face-Beratung,
- Start mit einem Medium des Distance Counseling und anschließend eine Weiterführung Face-to-Face und mit einem Medium des Distance Counseling,
- Start in der Face-to-Face-Beratung und anschließend die Weiterführung im Distance Counseling,
- Start in der Face-to-Face-Beratung und anschließend die Weiterführung im Distance Counseling und der Face-to-Face-Beratung.

Diese Varianten basieren auf den Überlegungen von Weiß (2013), flexibilisieren diese aber im Hinblick auf den Beratungsverlauf und lösen sich von der Orientierung an Beratungsphasen.

Letztendlich widersprechen sich die angeführten Varianten nicht, sondern fokussieren lediglich verschiedene Aspekte. Für eine konzeptionelle Fundierung von Blended Counseling sind verschiedene Dimensionen grundlegend, wie im nächsten Kapitel aufgezeigt wird.

3.2 Das dreidimensionale Blended-Counseling-Modell

Die Konstruktion eines dreidimensionalen Modells von Blended Counseling (Hörmann et al. 2019) basiert auf einer Systematisierung der Mediatisierung in der Sozialen Arbeit (Kutscher et al. 2015). Das für die Soziale Arbeit entworfene Dreieck von Adressat*innen, Fachpersonen und Institutionen wurde für Blended Counseling entsprechend angepasst (▶ Abb. 3).

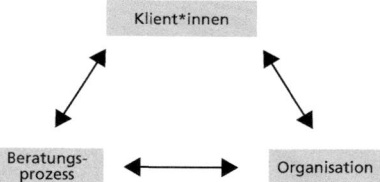

Abb. 3: Dimensionen für die Konzeption von Blended Counseling (Hörmann et. al 2019, 10)

Die zentrale Dimension der Klient*innen nimmt diejenigen in den Blick, die Hilfe und Unterstützung in Anspruch nehmen (können), und setzt sich mit deren Heterogenität gezielt auseinander. In der zweiten Dimension steht der Beratungsprozess mit den beratungsfachlichen Überlegungen der Fachpersonen im Fokus. Organisationale Aspekte werden in der dritten Dimension betrachtet, wobei sich manche Aspekte auch in zwei Dimensionen wiederfinden. So kann z.B. die Digitale Kompetenz von Mitarbeitenden sowohl auf beratungsfachlicher als auch auf organisationaler Ebene ein Thema sein. Jedoch stehen dann jeweils andere Themenaspekte im Fokus.

Im Zuge des Forschungsprojekts »Face-to-Face und mehr – neue Modelle für Mediennutzung in der Beratung« (2017–2019) wurde eine erste Fassung dieses Blended-Counseling-Modells entwickelt. Es wurde mittlerweile aufgrund der Ergebnisse weiterer Projekte ausdifferenziert, so dass hier erstmals eine weiterentwickelte Fassung des Blended-Counseling-Modells ausgeführt wird.

3.2.1 Klient*innenbezogene Aspekte von Blended Counseling

Diese Dimension umfasst neben den direkt betroffenen Personen jeweils auch Angehörige (▶ Abb. 4), die in eine Beratung kommen.

- *Medienaffinität:* Ein relevanter Aspekt aus der Lebenswelt ist die Frage, welche kommunikativen Settings im Alltag oder beruflich genutzt werden und insbesondere, wie gerne dies jemand tut. Eine hohe Medienaffinität erleichtert den Einstieg ins Blended Counseling.
- *Medienkompetenz:* Wenn Klient*innen über Vorerfahrungen im Umgang mit digitalen Medien verfügen, so stellt dies eine gute Basis dar, auf der Beratende direkt aufbauen können, wenn auch im Beratungsprozess digitale Medien einbezogen werden.
- *Geräteausstattung des*der Klient*in:* Neben den bevorzugten und vertrauten kommunikativen Settings ist die Frage der Geräteausstattung wesentlich. Verfügt sie*er über ein Smartphone und/oder einen PC? Verfügt er*sie über ein Guthaben und/oder über Zugang zu WLAN? Diese Hardwarefragen rahmen die Möglichkeiten im Prozess wesentlich.
- *Schriftliche und mündliche Ausdrucksfähigkeit:* Werden schriftbasierte kommunikative Settings wie die Mailberatung verwendet, so spielt die schriftliche Ausdrucksfähigkeit eine Rolle. Im Blended Counseling ist von Vorteil, dass unproblematisch auch zu mündlichen kommunikativen Settings gewechselt werden kann.
- *Kognitive Voraussetzungen:* Wenn Klient*innen ggf. mit Unterstützung der Beratenden bspw. einen Messenger herunterladen, um diesen im Blended-Counseling-Prozess nutzen zu können, so ist ein Mindestmaß an kognitiven Fähigkeiten notwendig.

Neben den angeführten spezifischen Kriterien gibt es auch Aspekte, die ebenso wie im Face-to-Face-Gespräch vor Ort eine wesentliche Voraussetzung für einen gelingenden Prozess sind.

- *Vertrauen zur*zum Berater*in:* Grundlage einer erfolgreichen Beratung ist eine förderliche Arbeitsbeziehung oder ein Arbeitsbündnis. Dies gilt

3.2 Das dreidimensionale Blended-Counseling-Modell

sowohl im analogen als auch im digitalen Setting. Damit sich Klient*innen auf Blended Counseling einlassen können, sollte eine erste Vertrauensbasis vorhanden sein. Startet der Prozess mit einer Beratung vor Ort, so empfiehlt es sich, die Möglichkeit des Blended Counseling erst im zweiten oder dritten Gespräch einzubringen, da dann bereits eine erste Vertrauensbasis hergestellt werden konnte.
- *Offenheit:* In Unterstützungs- und Veränderungsprozessen ist ein Mindestmaß an Offenheit förderlich, auch im Blended Counseling, um sich auf das Neue, Unbekannte einzulassen.

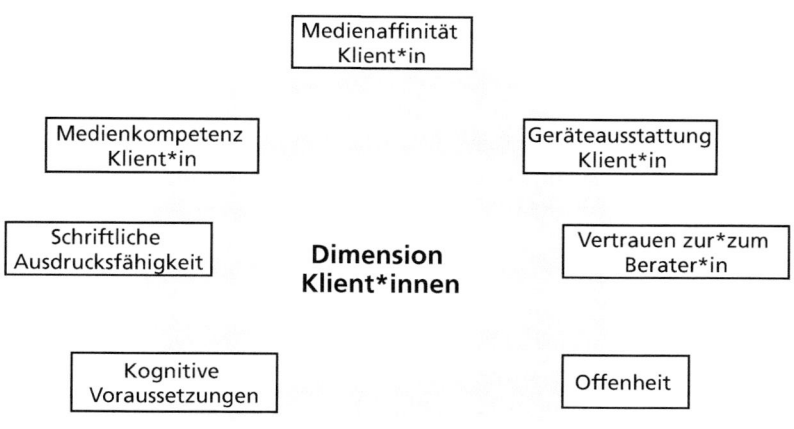

Abb. 4: Klient*innenbezogene Aspekte von Blended Counseling (weiterentwickelt: Hörmann et al 2019, 82)

Pro Dimension unterstützen Leitfragen die Konkretisierung von Blended Counseling:

> **Leitfragen für die Dimension Klient*innen**
>
> - Welche Zielgruppen können von Blended Counseling profitieren?
> - Welche Zugänge zum Beratungsangebot werden erleichtert, verbessert oder geschaffen?
> - Welche Zugänge im (laufenden) Beratungsprozess werden erleichtert, verbessert oder geschaffen?
> - Bei welchen Zielgruppen besteht die Gefahr der Generierung oder Verstärkung eines Digital Gap, d.h. einer Erschwerung des Zugangs zum Unterstützungsangebot?

3.2.2 Die beratungsfachliche Dimension

Die Dimension umfasst den Beratungsprozess (▶ Abb. 5) im engeren Sinne, d.h. die beratungsfachlichen Überlegungen sowie die Beratungsperson mit ihren Qualifikationen, Kompetenzen und Umgebungsfaktoren sowie dem methodischen Vorgehen zur Gestaltung des Beratungsprozesses.

- *Beratungskonzept:* I.d.R. verfügen Beratungseinrichtungen über ein Konzept, in dem die fachlichen Grundlagen beschrieben werden. Dieses gilt es entsprechend anzureichern oder ggf. ein eigenes Blended-Counseling-Konzept zu erarbeiten. Hilfreich sind dafür Blended-Counseling-Szenarien, die als konzeptionelle Hintergrundfolie den Einstieg ins Blended Counseling fundieren (▶ Kap. 3.4).
- *Medienkompetenz Berater*in* (▶ Abb. 6): Die Medienkompetenz für Blended Counseling wurde im Rahmen eines Projekts konkretisiert und beschrieben (Camenzind et al. 2021). Unterschieden werden dabei sieben zentrale Kompetenzbereiche: (1) Motivation und Bewusstsein, (2) Tools und Technik, (3) Kommunikative Settings und Konzeption, (4) Datenschutz und Vertraulichkeit, (5) Beratungsbeziehung und Beratungssystem, (6) Reflexion und Evaluation sowie (7) Förderung der Medienkompetenz der Klient*innen.

3.2 Das dreidimensionale Blended-Counseling-Modell

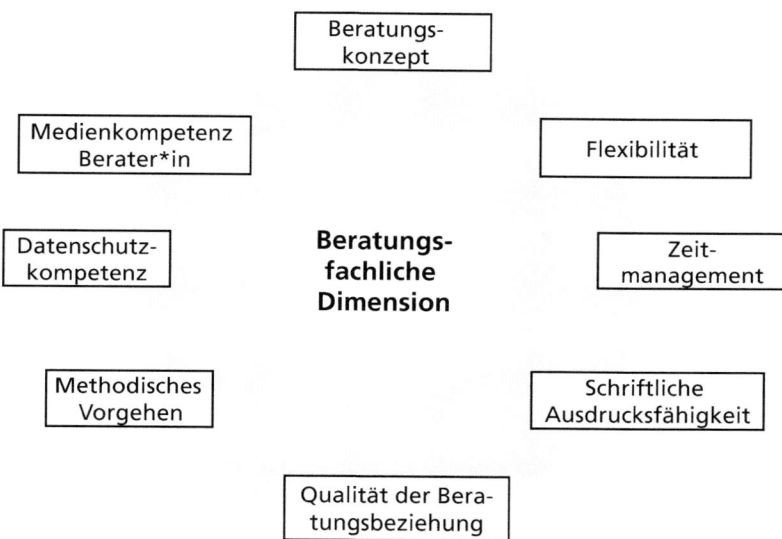

Abb. 5: Beratungsfachliche Dimension von Blended Counseling (weiterentwickelt: Hörmann et al 2019, 84)

Diese Kompetenzbereiche wurden jeweils mit drei bis sechs Kompetenzformulierungen operationalisiert. So lautet bspw. eine Konkretisierung im zentralen Kompetenzbereich »Kommunikative Settings und Konzeption«: Berater*innen »sind in der Lage, die Vielfalt von Lebenslagen und Kulturen im Hinblick auf die Medienwahl im Beratungsprozess adäquat zu berücksichtigen« (Camenzind, Hörmann & Silfverberg 2023).

- *Datenschutzkompetenz:* Diese Kompetenz ist für Beratung im digitalen Setting so zentral, dass sie hier extra angeführt wird, wenngleich sie auch Bestandteil des Medienkompetenzmodells ist (▶ Kap. 4).
- *Methodisches Vorgehen:* Blended Counseling ist durch den Wechsel des kommunikativen Settings im Prozessverlauf gekennzeichnet, so dass im Prinzip das volle methodische Repertoire des analogen sowie des digitalen Settings zur Verfügung steht. Insofern gibt es im engeren Sinne keine spezifischen Methoden für Blended Counseling, sondern eher die Frage, wie sich Methoden wie bspw. Bildkarten, das Systembrett o. Ä.

3 Digital und analog im Mix – Blended Counseling

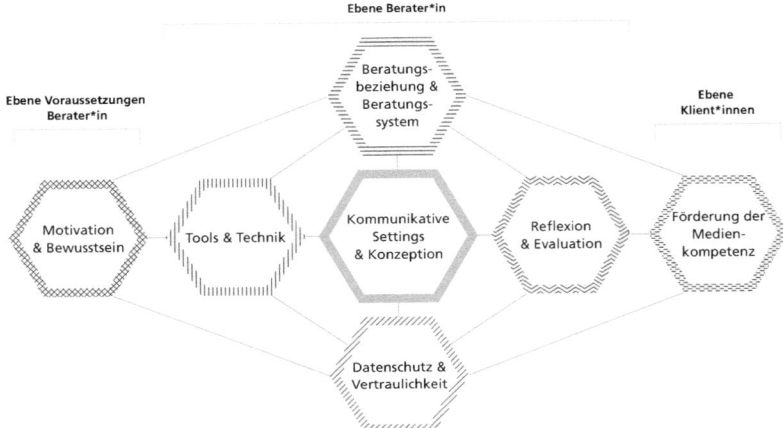

Abb. 6: Medienkompetenz Blended Counseling (Camenzind, Gina, Hörmann, Martina & Silfverberg, Minnie (2023): Medienkompetenz Blended Counseling. Tübingen: DGVT)

für das analoge und das digitale Setting prozessorientiert verknüpfen lassen.

Im Hinblick auf den Einsatz von Plattformen mit integrierten beratungsspezifischen Methodentools wie z. B. Cai-world oder Coachingspace gilt es zu bedenken, dass solche methodisch ausdifferenzierten digitalen Beratungsplattformen i. d. R. eine vertiefte Einarbeitung erfordern, um sie in der Beratung flexibel und souverän nutzen zu können. Insofern bietet sich deren Nutzung tendenziell eher für die Distanzberatung als im Rahmen von Blended Counseling an (Hörmann, Kirchhofer & Camenzind, 2020, Hörmann & Engelhardt 2022, Silfverberg, Hörmann, Tschopp 2022). Derzeit zeigt sich, dass Vertreter, die den Methodendiskurs vorantreiben, teilweise zugleich Anbieter von digitalen Beratungsplattformen sind (z. B. Mundelsee 2021).

- *Schriftliche Ausdrucksfähigkeit:* Insbesondere für die Mailberatung benötigen auch die Beratenden schriftliche Ausdrucksfähigkeit, ergänzend zu spezifischen Kenntnissen der Mailkommunikation wie bspw. des Vier-Folien-Konzepts (Knatz 2009).

- *Flexibilität:* Blended Counseling fokussiert die vielfältige Nutzung verschiedener kommunikativer Settings im Prozessverlauf und insofern sollten die Beratenden ein Mindestmaß an Flexibilität mitbringen. Wenn es bspw. gilt, kurzfristig auf Kontaktanfragen von Klient*innen einzugehen, so generiert dies Phasen von ›Bereitschaft‹, die herausfordernd sein können, da – anders als bei planbaren Face-to-Face-Beratungen vor Ort oder per Video – vorab nicht sicher ist, ob es eine Anfrage geben wird oder nicht.
  Zugleich ist es wichtig, solche ›flexiblen Phasen‹ im Wochenverlauf einzuplanen und ggf. auch gegenüber den Klient*innen transparent zu machen, um nicht Gefahr zu laufen, mit Erwartungen einer ›Rund-um-die-Uhr-Verfügbarkeit‹ konfrontiert zu werden.
- *Zeitmanagement:* Durch die unterschiedlichen Anforderungen der kommunikativen Settings im Hinblick auf Planbarkeit, Antwortgeschwindigkeit und Aufwand, z. B. für die Beantwortung der Anfragen bei Mail- oder Messengernachrichten, bedarf es einer sorgfältigen Planung von verschiedenen Zeitfenstern, um den heterogenen Prozessverläufen im Blended Counseling bestmöglich gerecht werden zu können.
- *Qualität der Beratungsbeziehung:* Dieser Aspekt wurde von Berater*innen von Suchtfachstellen im Projekt F2F+ als wesentlicher Gelingensfaktor hervorgehoben (vgl. Hörmann et al. 2019), ähnlich wie dies auch für die Beratung vor Ort gilt.

Leitfragen für die beratungsfachliche Dimension

- Wie sehen mögliche Blended-Counseling-Szenarien in den beraterischen Handlungsfeldern aus?
- Wie gestalten sich mögliche Fallverläufe?
- Welche Ausdifferenzierungen im Beratungsverlauf sind denkbar? Welche Vor- und Nachteile ergeben sich dadurch?
- Welche der benötigten Kompetenzen für Blended Counseling sind bereits vorhanden? Welche gilt es (weiter-) zu entwickeln?

3.2.3 Die organisationale Dimension

Die organisationale Dimension umfasst den organisationalen Rahmen für Blended Counseling. Einige Aspekte werden sowohl auf der beratungsfachlichen als auch auf der organisationalen Dimension angeführt, da sie jeweils andere Schwerpunkte haben (▶ Abb. 7).

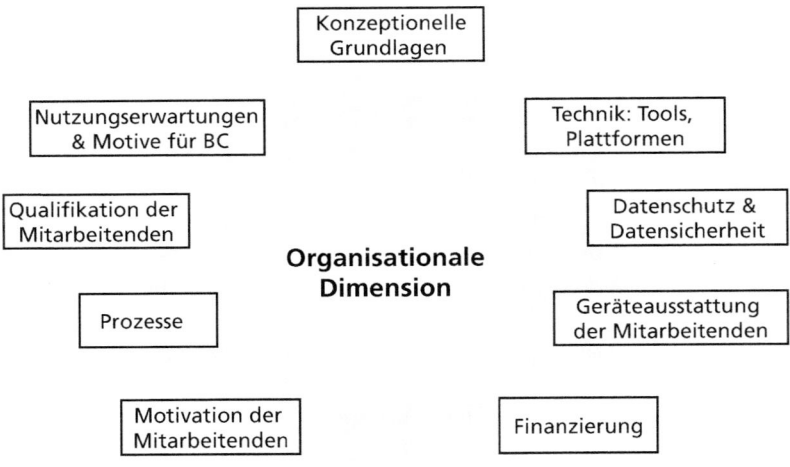

Abb. 7: Organisationale Aspekte von Blended Counseling (weiterentwickelt: Hörmann et al 2019, 86)

Da es bei dieser Dimension bei den meisten Aspekten einige Leitfragen gibt, werden diese jeweils direkt dem Aspekt zugeordnet.

- *Konzeptionelle Grundlagen:* Diese bilden die Basis für den Einstieg ins Blended Counseling und umfassen die Konkretisierung der Vorüberlegungen, z. B. in Form von Szenarien. Zudem sollte das Blended-Counseling-Konzept mit bereits vorliegenden Konzepten der kopräsenten Beratung verknüpft werden (▶ Kap. 3.4).

- *Nutzenerwartungen und Motive für Blended Counseling:* Die Impactfaktoren konkretisieren den organisationalen Mehrwert, der mit Blended Counseling erreicht werden soll (▶ Kap. 3.3).
- *Technik – Tools & Plattformen* (▶ Kap. 5):
  - Welche kommunikativen Settings soll eine Plattform vorhalten?
  - Inwiefern ist ein anonymer Zugang beraterisch sinnvoll?
  - Welche Level von Barrierefreiheit sind relevant, um die Zielgruppe zu erreichen?
  - Welche technischen Voraussetzungen sind auf Seiten der Klient*innen vorhanden?
  - Welche technischen Lösungen für Blended Counseling sind realisierbar?
- *Datenschutz und Datensicherheit* (▶ Kap. 4):
  - Wie können die Anforderungen an beraterische Vertraulichkeit/Datenschutz sowohl auf organisationaler Ebene als auch von den Beratenden gewährleistet werden?
- *Geräteausstattung der Mitarbeitenden:* Dies ist eine relevante Rahmenbedingung, denn wenn z. B. ein Team nur über ein gemeinsames Dienst-Smartphone verfügt, so ist ein Blended Counseling mit Messenger kaum zu realisieren. Auch ein Laptop oder PC mit Kamera sowie ein Headset gehören zur Grundausstattung neben einer stabilen Internetverbindung und einer ruhigen Umgebung (▶ Kap. 5).
- *Motivation der Mitarbeitenden:*
  - Erfolgt die Realisierung von Blended Counseling freiwillig oder ist es verpflichtend für die Beratenden?
  - Wie können Mitarbeitende für Blended Counseling motiviert werden bzw. wie können (bisher) wenig medienaffine Mitarbeitende gewonnen werden?
- *Qualifikation der Mitarbeitenden:*
  - Wie wird die Medienkompetenz der Mitarbeitenden allgemein eingeschätzt?
  - Wie wird diese für Beratung im digitalen Setting eingeschätzt?
  - Welche Qualifizierungsmaßnahmen sind notwendig?
  - Gibt es Vorreiter*innen, die für andere eine Art Mentor*innenrolle einnehmen könnten?

- *Prozesse:*
  - Wer sollte intern einbezogen werden (z.B. IT-Abteilung, Datenschutzbeauftragte*r)?
  - Wer sollte extern einbezogen werden (z.B. Datenschutzbeauftragte*r)?
- *Finanzierung:* Beim Blick auf die Finanzierung zeigt sich, dass die häufig übliche geografische Zuordnung der Nutzer*innen als Basis der Finanzierung von Beratungsangeboten bei der Onlineberatung und teilweise auch beim Blended Counseling nicht mehr funktioniert. Hier gilt es darauf hinzuwirken, dass finanzierende Stellen ihre Abrechnungs- bzw. Leistungserfassungskategorien der beraterischen Realität anpassen.

3.3 Impactfaktoren für Blended Counseling

Wenn professionelles Blended Counseling als systematische Prozessgestaltung verstanden wird, so gilt es vorab mögliche Impactfaktoren zu identifizieren: Was ist der erhoffte Nutzen, den Blended Counseling generieren soll bzw. kann?

Hier können alle Dimensionen des Modells angesprochen werden, besonders die Dimension der Klient*innen, in zweiter Priorität die beratungsfachliche Dimension und abschließend auch die organisationale Dimension. Zudem lassen sich die Impactfaktoren in eine zeitliche Struktur bringen. Dabei werden Nutzenerwartungen unterschieden im Hinblick auf

- die Phase vor der Beratung bzw. zum Einstieg in eine Beratung,
- die Phase während der Beratung und
- die Phase beim Abschluss bzw. nach der Beratung.

Verschiedene Praxisprojekte haben gezeigt, dass es neben allgemeinen und übergeordneten Impactfaktoren auch handlungsfeldspezifische Nutzenerwartungen gibt. Diese nehmen Bezug auf spezifische Aspekte eines be-

3.3 Impactfaktoren für Blended Counseling

raterischen Handlungsfelds. Insofern lassen sich bei der Betrachtung von Impactfaktoren zunächst folgende *handlungsfeldübergreifenden Aspekte* unterscheiden (► Tab. 7).

Tab. 7: Feldübergreifende Impactfaktoren

Modell-bezug	Vor der Beratung	Während der Beratung	Abschluss bzw. nach der Beratung
Dimension Klient*in	niedrigschwelliger Zugang zum Beratungsangebot, Kontaktaufnahme über verschiedene kommunikative Settings möglich, Reduktion der Hemmschwelle für Kontaktaufnahme, vielfältiger Zugang zum Beratungsangebot	Lebensweltorientierung – Nutzung vertrauter kommunikativer Settings: Klient*innen können • unkompliziert Kontakt halten, • in dringenden Situationen unkompliziert Kontakt aufnehmen, • Kurzkontakte nutzen. Zeitliche Flexibilität, räumliche Flexibilität	erhöhte Zufriedenheit der Klient*innen, In-Kontakt-Bleiben ist niedrigschwellig möglich
beratungs-fachlich	Lebensweltorientierung/Niedrigschwelligkeit: Auch schwer erreichbare Menschen erreichen	Flexibilisierung Beratungsprozess, Intensivierung Beratungsprozess, Stabilisierung Beratungsbeziehung, Berater*innen können Kurzkontakte nutzen, kurzfristig bzw. situationsbezogen reagieren. Verbesserte Erreichbarkeit,	verbesserte Erreichung der Beratungsziele, niedrigschwellige Nachsorgemöglichkeit, Sicherung des Erreichten

Tab. 7: Feldübergreifende Impactfaktoren – Fortsetzung

Modellbezug	Vor der Beratung	Während der Beratung	Abschluss bzw. nach der Beratung
organisational	Passgenauigkeit des Angebots verbessern	zeitliche Flexibilität, räumliche Flexibilität effiziente Nutzung der vorhandenen Ressourcen	

Das Thema *Zugang* ist für Beratungsstellen in mehrfacher Hinsicht relevant: Wie können Menschen mit Unterstützungsbedarf das Angebot möglichst unkompliziert finden und in Anspruch nehmen? In der Phase vor der Beratung wird zunächst ausschließlich der Zugang zum Beratungsangebot betrachtet, ein unkomplizierter Zugang in einem laufenden Beratungsprozess ist davon zu unterscheiden.

- Bei einer Beratungsstelle anzurufen, erfordert Mut und für manche Menschen ist diese Schwelle bereits zu hoch. Zudem haben Menschen verschiedene Vorlieben, wie sie gerne kommunizieren (schriftlich, mündlich). Bietet eine Beratungsstelle vielfältige und unterschiedliche Kontaktmöglichkeiten an, so kann die Hemmschwelle für eine Kontaktaufnahme gesenkt werden.
- Durch einen unkomplizierten Erstkontakt soll zeitnah eine erste Klärung erfolgen, inwieweit die interessierte Person mit ihrem Anliegen an der richtigen Stelle ist. Dadurch soll die Passgenauigkeit des Angebots verbessert werden. Eine kurze Chatkommunikation auf einer Website kann bspw. zeitnah klären, inwieweit die interessierte Person mit ihrem Anliegen an der richtigen Stelle ist.

Impactfaktoren bezogen auf die Phase während der Beratung

- Lebensweltorientierung in der Beratung: Der Großteil der Menschen, die eine Beratung in Anspruch nehmen, kommuniziert beruflich und/oder privat mithilfe von digitalen Medien. Blended Counseling knüpft

an die Vorerfahrungen der Klient*innen an und nutzt diese für den Beratungsprozess. So schließt die Beratung an die Lebenswelt der Klient*innen an.
- Die Beraterin bzw. der Berater ermöglichen der*dem Klient*in über den Einbezug digitaler Medien auch kurzfristig Kontakt aufzunehmen und dadurch bspw. die Zeit zwischen zwei Face-to-Face-Gesprächen bewusst für den Beratungsprozess zu nutzen.
- Diese unkomplizierten Möglichkeiten zur Kontaktaufnahme zielen auch darauf, die Beratungsbeziehung aufzubauen und zu stabilisieren sowie den Beratungsprozess bei Bedarf phasenweise zu intensivieren.
- Wird der Beratungsprozess durch den Einbezug verschiedener Medien flexibel und klient*innenorientiert gestaltet, so kann dadurch die Zielerreichung im Hinblick auf das Anliegen des*der Klient*in unterstützt und verbessert werden.
- Zeitliche Flexibilität: Blended Counseling kann zu einer besseren Erreichbarkeit der Unterstützungsangebote beitragen, da Klient*innen zeitlich flexibler sind. So können bspw. per Mail oder Messenger auch Personen das Angebot in Anspruch nehmen, die während der Sprechzeiten keine Beratung vor Ort hätten wahrnehmen können. Auch abends oder nachts kann ein Anliegen oder eine Frage übermittelt werden.
Blended Counseling ermöglicht auch eine Flexibilisierung für Beratende: So können diese den Zeitpunkt einer Antwort mithilfe der asynchronen kommunikativen Settings Mail oder Messenger selbst steuern. Auch kann die Zeit bis zum Absenden der Antwort für kollegiale Rücksprachen genutzt werden.
- Räumliche Flexibilität: Durch die Nutzung digitaler Medien entfällt der Anfahrtsweg, so dass räumliche Distanzen weniger entscheidend für die Nutzung sind.
- Bei eher informationsbezogenen Fragen kann die konkrete Situation über den Versand von Dokumenten oder Fotos per Messenger direkt veranschaulicht werden.
- Kurzfristige Reaktionsmöglichkeit: Der*die Berater*in kann kurzfristig auf eine veränderte Situation von Klient*innen reagieren.
- Intensivierung der Begleitung: Blended Counseling kann auch für eine zeitlich begrenzte engere Begleitung von Klient*innen genutzt werden.

3 Digital und analog im Mix – Blended Counseling

- Effizienz der Ressourcennutzung: Durch die Kombination von Kurzkontakten und ressourcenintensiven Vor-Ort-Gesprächen können Beratungsprozesse mittelfristig effizienter gestaltet werden, da die vorhandenen Ressourcen möglichst zielführend genutzt werden.
- Vereinfachte Kommunikation mit Personen mit geringen Deutschkenntnissen: Mithilfe der sprachbasierten Möglichkeiten der Messengerkommunikation (Sprachnachrichten, Videos) können Kurzkontakte im digitalen Setting erfolgen, selbst wenn die schriftliche Ausdrucksfähigkeit nur eingeschränkt vorhanden ist.

Neben diesen allgemeinen Impactfaktoren ließen sich in den verschiedenen Forschungs- und Entwicklungsprojekten zusätzlich *handlungsfeldspezifische Faktoren* identifizieren, von denen nachfolgend einige exemplarisch angeführt werden (▶ Tab. 8).

Tab. 8: Beispiele für handlungsfeldspezifische Impactfaktoren

Suchtberatung	Intensivierung des Beratungsprozesses mit dem Ziel, Klient*innen zu stabilisieren und Kontaktabbrüche zu reduzieren
Mütter- und Väterberatung	Flexibilisierung des Begleitprozesses mit intensiveren Phasen der Beratung im Wechsel mit Phasen einer »Digital unterstützten Pause«, bei der das In-Kontakt-Bleiben in langjährigen Beratungs- und Begleitprozessen im Fokus steht
Schwangerschaftsberatung	Schutz und Sicherheit, d. h. Beratung ermöglichen und Kontakt halten trotz eingeschränkter Mobilität und auch unter Pandemiegesichtspunkten (Schutz vor Ansteckung)

Dies verdeutlicht, dass es jeweils lohnend ist, die konzeptionellen Überlegungen für den eigenen Beratungskontext zu differenzieren und zu prüfen, inwieweit zusätzlich spezifische Faktoren eine Rolle spielen könnten.

Impactfaktoren bezogen auf die Phase nach Abschluss der Beratung

Wird der Beratungsprozess durch die Nutzung verschiedener kommunikativer Settings klient*innenorientiert gestaltet, so kann dadurch die Zufriedenheit der*des Klient*in erhöht werden. Aus beraterischer Sicht kann Blended Counseling dazu beitragen, die Zielerreichung im Hinblick auf das Anliegen des*der Klient*in zu unterstützen und zu verbessern.

Ein In-Kontakt-Bleiben ist über digitale Kommunikationssettings für viele Klient*innen unkompliziert und mit geringem Ressourcenaufwand möglich. Dies dient bspw. in der Suchtberatung dazu einem möglichen Rückfall vorzubeugen. Die Möglichkeit der niedrigschwelligen Kontaktaufnahme über digitale Medien zielt zudem auf eine verbesserte Nachsorge, die dazu beitragen soll, die Nachhaltigkeit der im Beratungsprozess erzielten Ergebnisse zu sichern.

3.4 Szenarien als konzeptionelle Grundlegung von Blended Counseling

Ein Szenario dient als konzeptionelle Hintergrundfolie eines Beratungsverlaufs im Blended Format. Dazu werden vorab verschiedene konzeptionelle Überlegungen diskutiert und schriftlich fixiert. Ein Szenario ist als ›roter Faden‹ der Konzeption zu verstehen und nicht als konkrete Handlungsanweisung. Das nachfolgende Raster wurde im Rahmen eines Projekts mit Suchtberatungsstellen entwickelt (Hörmann et al. 2019) und in späteren Projekten weiter ausdifferenziert (► Abb. 8).

Nachfolgend werden die einzelnen Elemente näher erläutert,

Beschreibung Beratungskontext: Hier wird das beraterische Handlungsfeld konkretisiert (z. B. Suchtberatung, Jugendberatung o. Ä.).

3 Digital und analog im Mix – Blended Counseling

Blended Counseling Szenario   [Name Szenario]

Beratungskontext	[z. B. Suchtberatung, Schulsozialarbeit, Jugendberatung]
Beschreibung Klient*in (exemplarisch, incl. fachl. Erläuterung Ausgangslage)	
Potenzielle kommunikative Settings — Von Klient*in gewünscht/präferiert	☐ Face-to-Face vor Ort ☐ Telefon ☐ Messenger schriftlich ☐ Messenger Sprachnachricht ☐ Mailkontakt ☐ Videokontakt ☐ sonstiges:
Potenzielle kommunikative Settings — In der Beratungsstelle vorhanden	☐ Face-to-Face vor Ort ☐ Telefon ☐ Messenger schriftlich ☐ Messenger Sprachnachricht ☐ Mailkontakt ☐ Videokontakt
Angestrebte bzw. in diesem Szenario fokussierte Impact-faktoren Blended Counseling *Mehrfachnennungen möglich*	**FOKUS: vor der Beratung** ☐ Zugang zum Beratungsangebot ☐ [weiterer Impactfaktor] **FOKUS: während der Beratung** ☐ Niederschwelliger Zugang im Beratungsprozess ☐ Lebensweltnähe: Flexibilisierung des Beratungsprozesses ☐ Stabilisierung der Beratungsbeziehung ☐ [weiterer Impactfaktor] **FOKUS: nach der Beratung** ☐ [Impactfaktor] ☐ [Impactfaktor]
Vorüberlegungen bzgl. Wahl des kommunikativen Settings/Tools *Aus Beratungssicht sinnvoll bei dieser Ausgangslage/Klient*in und mit Blick auf den angestrebten Impact*	Im Blended Counseling-Prozess steht zur Verfügung bzw. soll verwendet werden (*Mehrfachnennungen erwünscht*): ☐ Face-to-Face vor Ort ☐ Telefon ☐ Messenger [Name] ☐ Mail [Name Tool/Plattform] ☐ Video [Name Tool/Plattform] ☐ Sonstiges: **Begründung:**
Mögliche Gründe für den Wechsel des komm. Settings im Beratungsverlauf	
Ziele Klient*in/ Fokus der Beratung	
Erforderliche Medienkompetenz der Beratungsperson	

Abb. 8: Raster Blended-Counseling-Szenario (weiterentwickelt: Hörmann et al 2019, 48)

3.4 Szenarien als konzeptionelle Grundlegung von Blended Counseling

Beschreibung Klient*in: Hier wird die Ausgangslage exemplarisch beschrieben, In welcher Ausgangssituation befindet sich die*der Klient*in?

Danach richtet sich der Blick auf die kommunikativen Settings für Blended Counseling (▶ Kap. 2).

Kommunikative Settings

- sind synchrone und asynchrone Settings, in denen Kommunikation stattfinden kann und die im Rahmen des Blended Counseling miteinander kombiniert werden können: das kopräsente Face-to-Face-Gespräch vor Ort, die Videokommunikation, die Mailkommunikation, die Telefonkommunikation, die Kommunikation via Messenger (schriftbasiert oder sprachbasiert) sowie via Chat,
- lösen als Begriff den etwas missverständlichen Begriff Kommunikationskanäle ab, da medienpsychologisch unter Kommunikationskanälen die Sinneskanäle verstanden werden, wohingegen im Onlineberatungsdiskurs damit die verschiedenen Settings gemeint waren.

Betrachtet man bei der Szenarienentwicklung die *potenziellen kommunikativen Settings* für Blended Counseling, so werden die Aspekte Verfügbarkeit und persönliche Präferenzen unterschieden (Hörmann et al. 2019):

- Welche digitalen Medien sind auf Seite des*der Klient*in verfügbar?
- Welche kommunikativen Settings werden von der*dem Klient*in präferiert? Wo gibt es Vorerfahrungen?
- Welche kommunikativen Settings sind in der Beratungsstelle verfügbar?

Angestrebte bzw. fokussierte Impactfaktoren: Hier wird konkretisiert, welche Ziele mit dem Blended-Counseling-Szenario angestrebt werden (▶ Kap. 3.3).
Vorüberlegungen im Hinblick auf die Wahl des kommunikativen Settings im Beratungsprozess: Hier werden die beiden vorhergehenden Kriterien miteinander verknüpft. Orientiert an der Mediennutzung von Klient*innen und Beratenden sowie den angestrebten Zielen wird konkretisiert und

begründet, welche Settings im Beratungsprozess zur Verfügung stehen und ggf. verwendet werden.

Wahl der kommunikativen Settings im Beratungsprozess: Hier wird vorab reflektiert und begründet, welches kommunikative Setting mit seinen spezifischen Vorteilen (▶ Kap. 2) im Hinblick auf die Bedürfnislage der*des Klient*in aus beratungsfachlicher Sicht sinnvoll wäre. Auch Anlässe für einen Wechsel des kommunikativen Settings können hier beschrieben werden.

Zwischenzeitlich sind in verschiedenen Projekten zusammen mit Beratenden Blended-Counseling-Szenarien entwickelt und teilweise auch veröffentlicht worden (Camenzind et al. 2021, Camenzind & Hörmann 2021, Hörmann et al. 2019). Insofern lohnt es sich, vorhandene Szenarien zu sichten und ggf. an den eigenen Beratungskontext anzupassen. Es ist nicht immer eine vollständige Neuentwicklung notwendig.

Abschließend werden zur Veranschaulichung von Blended Counseling zwei ausgewählte Fallverläufe skizziert (dazu ausführlich Hörmann et al. 2019, Camenzind et al. 2021).

Tab. 9: Exemplarischer Blended-Counseling-Fallverlauf aus der Suchtberatung

Laufender Beratungsprozess mit Start der Dokumentation des Blended Counseling nach 19 Beratungskontakten in 7 Monaten	Beratungskontakt	1	2	3	4	5	6	7	8	9
	Kommunikatives Setting	💬 Face-to-Face vor Ort	@ E-Mail	💬	@	💬	@	@	@ Mehrere E-Mail Kontakte	@
	Zeit zwischen den dokumentierten Beratungskontakten		15 Tage	1 Tag	8 Tage	4 Tage	1 Tag	2 Tage	4 Tage	3 Tage

Vgl. Hörmann et al. 2019, 69

In diesem Fallverlauf (▶ Tab. 9) wurden schon vor dem Start der dokumentierten Erprobungsphase Mailkontakte in den Beratungsprozess integriert. Im weiteren Prozessverlauf wünschte die Klientin einen (vorübergehenden) vollständigen Umstieg der Beratung auf Mailkontakte, um nicht zur Beratungsstelle fahren zu müssen. Die Beraterin folgte diesem Wunsch, schätzte allerdings beim achten Beratungskontakt die Kommu-

3.4 Szenarien als konzeptionelle Grundlegung von Blended Counseling

nikation über Mail aus beratungsfachlicher Sicht als nur noch begrenzt sinnvoll ein. Insbesondere für eine Einschätzung der aktuellen gesundheitlichen Situation der Klientin erschien es der Beraterin notwendig, die Klientin persönlich vor Ort zu sehen.

Hier wird deutlich, dass die Steuerung des Medienwechsels in einem Zusammenspiel von Wünschen oder Entscheidungen des*der Klient*in und beratungsfachlichen Erwägungen erfolgt. Gegen Ende des dokumentierten Zeitraums initiierte die Beraterin einen Wechsel in den Face-to-Face-Kontakt vor Ort.

Tab. 10: Exemplarischer Blended-Counseling-Fallverlauf aus der Mütter-Väter-Beratung

Beratungskontakt	1	2	3	4
Kommunikatives Setting	Face-to-Face vor Ort	Messenger		Wechsel des kommunikativen Settings während des Beratungskontaktes
Dauer Beratungskontakt (in Minuten)	60	5	10	10	10
Zeit zwischen den dokumentierten Beratungskontakten	2 Tage	13 Tage	13 Tage	-

Vgl. Camenzind et al. 2021, 37

Der dokumentierte Fallverlauf fand in der Mütter-Väter-Beratung mit einer 36-jährigen Klientin statt, die nur über geringe Deutschkenntnisse verfügte. Nach Abschluss einer eher intensiven Beratungsphase sollte der Kontakt niedrigschwellig über Messenger und das Telefon stattfinden.

In der Mütter-Väter-Beratung gibt es teilweise abgegrenzten Informationsbedarf, der mittels Messenger gut geklärt werden kann. Auch kann die Klientin bei Bedarf Fotos senden (z. B. über den Hautausschlag des Kindes), um so eine Einschätzung der Beraterin zu erhalten, ohne vor Ort ins Büro kommen zu müssen. Zudem ergab die Evaluation, dass es für Mütter (oder Väter) angenehm sein kann, wenn ein asynchrones Setting ihnen Zeit verschafft, um in Ruhe zu einem selbstgewählten Zeitpunkt auf eine Rückfrage antworten zu können (Camenzind et al. 2021).

Der Fallverlauf zeigt auch, dass die Kommunikation per Messenger im vierten Beratungskontakt an ihre Grenzen stieß und die Beraterin nach ca. zehn Minuten den Wechsel auf das Telefon initiierte.

Reflexionsfragen

- Was wird unter Blended Counseling verstanden?
- Welche handlungsfeldübergreifenden Impactfaktoren lassen sich identifizieren?
- Welche spezifischen Impactfaktoren konnten für die Suchtberatung identifiziert werden?
- Weshalb wird im Blended Counseling die Kombination von synchronen und asynchronen kommunikativen Settings betont?

Weiterführende Literatur

Camenzind, Gina, Hörmann, Martina & Tschopp, Dominik (2021): Medienkompetenz als Basisvariable für Blended Counseling: Ein Forschungs- und Entwicklungsprojekt in der Mütter- und Väterberatung. Forschungsbericht. Olten: FHNW.

Hörmann, Martina & Engelhardt, Emily M. (2022): Blended Counseling – Grundlagen, Aktuelles und Diskurslinien. In: Zeitschrift für systemische Therapie und Beratung 2022 (2), 72–77.

Hörmann, Martina, Aeberhardt, Dania, Flammer, Patricia, Tanner, Alexandra, Tschopp, Dominik & Wenzel, Joachim (2019): Face-to-Face und mehr – neue Modelle für Mediennutzung in der Beratung. Schlussbericht zum Projekt. Olten.

Weiß, Stefanie (2013): Blended Counseling: Zielorientierte Integration der Off- und Onlineberatung. Hamburg: Diplomica.

4 Vertraulichkeit auch im digitalen Raum: Datenschutz

> ☞ **Überblick**
>
> Beratung im digitalen Setting stellt durch die technischen Rahmenbedingungen besondere Anforderungen an die Realisierung der Vertraulichkeit der Beratung. Dieses Kapitel verdeutlicht(,)
>
> - dass der fachliche Standard Vertraulichkeit der Beratung auf ethischen Prinzipien beruht,
> - wie die Vertraulichkeit sich fachlich begründet,
> - dass die verschiedenen Dimensionen (Fachlichkeit, Recht, Technik, Organisation) ineinanderwirken,
> - die Datenschutzgrundlagen am Beispiel der EU-Datenschutzgrundverordnung,
> - unterschiedliche Anwendungsarten von Fachsoftware,
> - welche Fragen beantwortet werden sollten, um Vertraulichkeit in der Praxis zu realisieren.

Vertraulichkeit ist in vielen Tätigkeitsbereichen der Sozialen Arbeit grundlegend. Im Feld digitaler Kommunikation und Beratung ist es allerdings noch bedeutsamer dabei auch die zugrundeliegende Technik in den Blick zu nehmen, da sie Voraussetzung und damit sogar die Basis dafür ist, dass Kommunikation überhaupt stattfinden kann. In professionellen Handlungsfeldern reicht es dabei nicht aus, dass man als einzelne Person Vertraulichkeit gewährleistet. Vielmehr müssen auch die Rahmenbedingungen so ausgestaltet sein, dass sie tatsächlich einen vertraulichen Rahmen ermöglichen.

> **Reflexion: Welche persönlichen Daten sind Ihnen selbst wichtig?**
>
> Stellen Sie sich einmal vor, welche Daten Ihnen wichtig sind, von denen Sie nicht wollen, dass Unbefugte darauf Zugriff nehmen können:
>
> - Sind das vielleicht Daten, die etwas über Sie als Person aussagen?
> - Oder Daten, die etwas über Ihre Kontakte zu anderen Personen verraten?
> - Vielleicht aber auch Angaben über Ihren Körper?
> - Halten Sie Ihre Gesundheitsdaten für schützenswert?
> - Oder Daten über Ihr Kauf-, Trink- oder Essverhalten?

Tatsächlich unterscheiden sich Menschen darin, was sie öffentlich preisgeben und was sie für sich behalten oder nur einem kleinen Kreis zugänglich machen möchten. Aber gerade deshalb gilt es in Bezug auf »personenbezogene Daten«, also Angaben, die sich auf »natürliche Personen«, nämlich Menschen beziehen, sensibel und vorsichtig zu sein. Mit einer solchen Sorgfalt wird auch der Respekt gegenüber anderen Menschen und im Falle der Sozialen Arbeit gegenüber Klient*innen ausgedrückt.

Tabelle 11 zeigt die zentralen Aspekte, mit denen sich die Verantwortlichen befassen müssen, wenn sie Vertraulichkeit fachlich und rechtlich angemessen realisieren wollen (▶ Tab. 11).

Tab. 11: Zentrale Aspekte zur Gewährleistung von Vertraulichkeit

Dimensionen	Ausprägungen
Fachlichkeit	Die jeweiligen Angebote sind zu spezifizieren in Bezug auf Ziele und Zielgruppen und zu konkretisieren in Bezug auf Nutzer*innenführung und die technisch-mediale Ausgestaltung. Daraus ergeben sich fachliche Fragen, die es zu klären gilt, bevor eine rechtliche Einordnung überhaupt erfolgen kann.
Recht	Es gilt zu klären, welche rechtlichen Grundlagen es gibt in Bezug auf das jeweilige Angebot: Verfassungsrecht, Daten-

4 Vertraulichkeit auch im digitalen Raum: Datenschutz

Tab. 11: Zentrale Aspekte zur Gewährleistung von Vertraulichkeit – Fortsetzung

Dimensionen	Ausprägungen
	schutzrecht, strafrechtliche Schweigepflicht, Berufsrecht, Kinderschutzrecht, Vertragsrecht etc.
Technik	Die technische Umsetzung hat so zu erfolgen, dass die vertraulichen Daten auf den beteiligten Rechnern und in den jeweiligen Netzen, selbst bei einem Transfer durch das Internet, aktiv geschützt werden. Dazu bedarf es eines Sicherheitskonzepts, das dem jeweiligen Stand der Technik entspricht, da Sicherheit nur gewährleistet werden kann, wenn alle relevanten Aspekte angemessen berücksichtigt sind.
Organisation	Organisatorische Maßnahmen müssen sicherstellen, dass alle beteiligten Personen in einem Gesamtkonzept je nach Rolle und Aufgabe (Fachkraft, IT-Expert*innen, Datenschutzbeauftragte) durch verbindliche Aufgabenbeschreibungen und Regeln eingebunden sind und bei Bedarf entsprechend weitergebildet werden, um den fachlichen, rechtlichen und technischen Anforderungen in der Praxis gerecht werden zu können.

Ethische Grundlagen

Bei Vertraulichkeit und Datenschutz geht es im Kern nicht um den Schutz von Daten, sondern um den Schutz der Privatsphäre. So ist im Englischen bei Datenschutz von »privacy« die Rede, was als Begriff angemessener ist. In der Sozialen Arbeit ist Vertraulichkeit grundlegend für professionelles Arbeiten und so wird durch Datenschutz eine professionelle Beziehung geschützt. Bei Datenschutz und Vertraulichkeit handelt es sich um eine ethische Fragestellung, die dementsprechend auch in den Ethikrichtlinien von Fachverbänden verankert ist. So können vier Prinzipien in Bezug auf Klient*innen benannt werden: Respekt vor der Autonomie, Nichtschädigung, Fürsorge und Gleichheit (Beauchkamp & Childress 2013, Fink & Tritschler 2014). Die Vertraulichkeit leitet sich dabei aus dem Respekt vor der Autonomie des*der Klient*in ab. Diese ethischen Prinzipien sind im

Feld der Sozialen Arbeit anwendbar und müssen bei einem möglichen Widerstreiten im Einzelfall gegeneinander abgewogen werden.

Vertraulichkeit als fachliche Basis

Vertraulichkeit hat sich in den verschiedensten Berufsfeldern als fachlicher Standard etabliert (Wenzel 2016b). Dies gilt insbesondere in Arbeitskontexten, in denen es um sehr persönliche Themen geht. Schließlich zeigt sich in der Praxis, dass sich Menschen in einem geschützten Rahmen auch in Bezug auf schwierige Fragen und intime Themen öffnen können und häufig so erst lernen, über bestimmte Probleme zu reden. In einem vertraulichen Rahmen haben Menschen sogar die Möglichkeit, Ängste oder Scham zu überwinden, um neue Perspektiven zu entwickeln und Veränderungen vorzunehmen, die zuvor nicht möglich waren.

Vertraulichkeit als Beziehungsbasis

In der Sozialen Arbeit kommt es immer wieder vor, dass Klient*innen anfragen, ob das jeweilige Gespräch auch vertraulich bleibt. Sie suchen damit ausdrücklich einen geschützten Rahmen, um etwa emotional heikle und schambesetze Themen besprechen zu können. Nicht selten geht es auch um Fragen, die diese Menschen zuvor noch niemals angesprochen haben. Aber auch wenn die Betroffenen dies nicht selbst äußern, gibt es für sie in den verschiedenen Berufsfeldern dennoch einen rechtlichen Schutz, sei es datenschutzrechtlich, haftungsrechtlich (Schadensersatz) oder gar strafrechtlich. Mit sensiblen Inhalten gilt es von Seiten der Fachkräfte also grundsätzlich sensibel umzugehen und im Zweifel mit den jeweiligen Personen zu klären, bei wem was angesprochen werden darf und welche Inhalte wo benannt werden dürfen und wo nicht.

Die Wahrung der Vertraulichkeit bedeutet, die Freiheitsrechte von Menschen zu gewährleisten. D. h., es geht darum, die Klient*innen in professionellen Beziehungen als Subjekte ernst zu nehmen und sie in ihrer Eigenständigkeit und Selbstorganisation zu stärken. Die Menschen (im Datenschutzrecht in Bezug auf ihre personenbezogenen Daten auch als »Betroffene« bezeichnet) sollen also nicht zum bloßen Objekt des Staates oder von Organisationen bzw. Vertragspartner*innen werden.

In den Ethikrichtlinien von Fachverbänden wie bspw. der Deutschen Gesellschaft für Systemische Therapie, Beratung und Familientherapie (2020) heißt es entsprechend: »Die KlientInnen werden als ExpertInnen für sich und ihre Lebensgestaltung gesehen. Sie werden zur Entdeckung und selbstbestimmten Nutzung eigener Ressourcen angeregt, dabei unterstützt und begleitet.« Um dies auch vor dem Hintergrund der sie betreffenden personenbezogenen Daten und ihrer privaten Geheimnisse realisieren zu können, bedarf es einer größtmöglichen Transparenz im Umgang mit allen Informationen, die diese Personen betreffen. Diese Freiheitsrechte werden auch als Menschenrechte beschrieben, wie sie in der Allgemeinen Erklärung der Menschenrechte als Resolution der Generalversammlung der Vereinten Nationen festgelegt sind.

4.1 Datenschutzrecht am Beispiel der DSGVO

Es gibt allgemeine Datenschutzgrundsätze, die sich seit vielen Jahren im Datenschutzrecht etabliert haben und gleichermaßen in EU-Richtlinien und -verordnungen aber auch im Bundesdatenschutzgesetz (BDSG), den Landesdatenschutzgesetzen, speziellen Datenschutzvorschriften (z.B. im Sozialrecht) und in den Gesetzen der Kirchen verankert wurden. Eine umfassende Einführung in das Datenschutzrecht ist in diesem Rahmen nicht möglich. In Tabelle 12 werden die allgemeinen Datenschutzgrundsätze und -prinzipien überblicksartig dargestellt (▶ Tab. 12).

4 Vertraulichkeit auch im digitalen Raum: Datenschutz

Tab. 12: Allgemeine Datenschutzgrundsätze zum Umgang mit personenbezogenen Daten

Transparenzgebot	Im Umgang mit den Daten gilt es zugunsten der Betroffenen maximale Transparenz herzustellen, so dass diese wissen können, was mit erhobenen Daten geschieht und ggf. Einfluss darauf nehmen können. Dazu gehört etwa der Hinweis auf ein Widerspruchsrecht.
Erforderlichkeitsgrundsatz	Es gilt immer zu prüfen, ob personenbezogene Daten überhaupt erhoben werden müssen. Wenn sie nicht erforderlich sind für die jeweiligen Tätigkeiten, sind sie zu vermeiden.
Strenge Zweckbindung	Die Daten dürfen nur für die Zwecke verwendet werden, für die sie auch erhoben wurden.
Datenvermeidung und Datensparsamkeit	Sofern es möglich ist personenbezogene Daten zu vermeiden, hat dies Vorrang. Dabei ist auch festzulegen, dass die Daten zum frühestmöglichen Zeitpunkt wieder gelöscht werden (Speicherfristen).
Gewährleistung von Integrität, Vertraulichkeit und Verfügbarkeit der Daten	Bei Daten, die für die Betroffenen relevant sind, ist zu gewährleisten, dass die Daten auch dann erhalten bleiben, wenn es zu Störungen bei den Rechnern kommen sollte (Datensicherung).
Unabdingbare Rechte der Betroffenen	Die wesentlichen Rechte können auch durch Vertrag nicht eingeschränkt werden.

Zu den genannten übergeordneten Prinzipien kommen auch konkrete Rechte der Betroffenen hinzu, also der Personen, um deren Daten es geht (▶ Tab. 13). Sowohl die Grundsätze als auch die Rechte haben sich in verschiedenen Ländern entwickelt und gelten von der Sache her übergreifend, auch wenn sie teilweise unterschiedlich benannt werden.

Die EU-Datenschutzgrundverordnung (DSGVO), die offiziell als Verordnung (EU) 2016/679 bezeichnet wird, regelt seit 25.05.2018 europaweit das Allgemeine des Datenschutzes, das in anderen Vorschriften – sei es im europäischen oder im nationalen Recht der Mitgliedsstaaten – in den einzelnen Rechtsbereichen (z. B. im SGB: Sozialdatenschutz) weiter konkretisiert werden kann. Das Bundesdatenschutzgesetz (BDSG – neue Fassung von 2018) und die aktualisierten Datenschutzgesetze der Länder und Kirchen greifen diesen allgemeinen Rechtsrahmen auf und gestalten ihn im Rahmen der vorgegebenen Möglichkeiten aus.

Anwendbarkeit der DSGVO

Die Verordnung ist nur bei automatisierter Verarbeitung personenbezogener Daten oder bei Verwendung von Dateisystemen anzuwenden.

Art. 2 Abs. 1 DSGVO

»Diese Verordnung gilt für die ganz oder teilweise automatisierte Verarbeitung personenbezogener Daten sowie für die nichtautomatisierte Verarbeitung personenbezogener Daten, die in einem Dateisystem gespeichert sind oder gespeichert werden sollen.«

Die Verordnung findet nach Art. 2 Abs. 2c bei natürlichen Personen im ausschließlich privaten und familiären Zusammenhang zwar keine Anwendung, sie gilt aber für Freiberufler*innen, Unternehmen, Behörden, für Vereine und andere Körperschaften, sofern sie automatisiert oder in Dateisystemen personenbezogene Daten verarbeiten.

Personenbezogene Daten

In Art. 4 Nr. 1 DSGVO heißt es: »Im Sinne dieser Verordnung bezeichnet der Ausdruck ›personenbezogene Daten‹ alle Informationen, die sich auf eine identifizierte oder identifizierbare (im Folgenden ›betroffene Person‹) beziehen«.

Im Datenschutz gilt das Grundprinzip des Verbots mit Erlaubnisvorbehalt. Das bedeutet, dass das Erheben, Verarbeiten und Nutzen von personenbezogenen Daten grundsätzlich verboten ist, es sei denn, eine Rechtsnorm erlaubt dies oder es liegt eine wirksame Einwilligung des Betroffenen vor

(Art. 6 DSGVO: »Rechtmäßigkeit der Verarbeitung«). Sofern nicht von einer Erforderlichkeit ausgegangen werden kann, ist eine Einwilligung einzuholen. Die bereits früher durch europäisches Recht etablierten Prinzipien wie Transparenzgebot, Zweckbindung, Erforderlichkeit, Datensparsamkeit etc. bleiben nach wie vor bestehen, werden durch die DSGVO und das neue BDSG von 2018 aber zum Teil verschärft bzw. konkretisiert.

Klärungen durch die Verantwortlichen

Die rechtlich Verantwortlichen der jeweiligen verantwortlichen Stelle sind in der Pflicht zu klären, was nach Datenschutzrecht zu tun ist. Die nachfolgenden Fragen konkretisieren diese Obliegenheiten beispielhaft.

Welche Pflichten gibt es für die Verantwortlichen?

- Sind die Allgemeinen Bestimmungen und Grundsätze der DSGVO verstanden und im Blick (Kap. I und II)?
- Sind die Prozesse definiert, die personenbezogene Daten betreffen?
- Sind die erforderlichen technisch-organisatorischen Sicherheitsmaßnahmen getroffen worden, um die personenbezogenen Daten angemessen zu schützen (Art. 32 DSGVO: »Sicherheit der Verarbeitung«)?
- Sind alle Mitarbeitenden, die mit personenbezogenen Daten operieren, in das Konzept zum Umgang mit den Daten eingebunden?
- Sind die Rechte von Betroffenen im Blick (Kap. III, Art. 12–23 DSGVO)?
- Sind besonders sensible Daten (»besondere Kategorien personenbezogener Daten«) betroffen, für die es spezielle Vorgaben gibt (Art. 9 DSGVO)?
- Werden die Vorgaben für wirksame Einwilligungen eingehalten (wie Kopplungsverbot, Freiwilligkeit, Bestimmtheit, Informiertheit, Unmissverständlichkeit) und werden mögliche Einwilligungen angemessen dokumentiert (Art. 7 DSGVO)?

4.1 Datenschutzrecht am Beispiel der DSGVO

Dabei gilt es in der Umsetzung folgende Fragen nicht aus dem Blick zu verlieren:

- Ist ein Datenschutzbeauftragter zu bestellen und der Aufsichtsbehörde zu benennen (Art. 37 DSGVO, Konkretisierung in § 38 BDSG neu)?
- Bedarf es einer Datenschutz-Folgeabschätzung (Art. 30 DSGVO)?
- Existiert ein Verzeichnis der Verarbeitungstätigkeiten personenbezogener Daten (Art. 30 DSGVO)?
- Sofern personenbezogene Daten von Dritten im Auftrag verarbeitet werden: Wurde ein Vertrag zur Auftragsverarbeitung geschlossen (Art. 28 DSGVO)?
- Ist geklärt, wie mit möglichen Datenschutzverstößen (Art. 4 Nr. 12 DSGVO) umgegangen wird, wie etwa eine Meldung an die Aufsichtsbehörde bzw. die Betroffenen erfolgt (Art. 33 und 34 DSGVO)?

Die Vorschriften in Bezug auf technisch-organisatorische Maßnahmen gelten natürlich auch für Internetangebote. Dabei gibt es konkrete Anforderungen, so dass die Datenschutzerfordernisse auch hier wirksam werden. So können weitere konkretisierende Fragen dazu kommen:

- Gibt es eine Datenschutzerklärung, aus der der Umgang mit den personenbezogenen Daten nachvollziehbar hervorgeht und die dem Transparenzgrundsatz und den Informationspflichten entspricht (Art. 12–15 DSGVO)?
- Werden mögliche Einwilligungen auch im Internet rechtskonform (z. B. Kopplungsverbot, transparentes und bewusstes Einwilligen, s. o,) erhoben und dokumentiert? (Art. 7 DSGVO)?
- Ist sichergestellt, dass die Einwilligenden bereits das 16. Lebensjahr vollendet haben (Art. 8 DSGVO)?

Für bestimmte Berufe (z. B. staatlich anerkannte Sozialarbeiter*innen, Beratungsfachkräfte in Sucht-, Jugend- und anderen Beratungsstellen) ist zu beachten, dass es Anforderungen an den Geheimnisschutz geben kann, die über die Pflichten der DSGVO hinausgehen (dazu: Bieker 2016, 163 ff.). Die Verletzung des Berufsgeheimnisses wird bei einigen Berufsgeheimnisträger*innen durch die Strafgesetzbücher der jeweiligen Länder sogar mit Freiheitsstrafe bewehrt: in Deutschland nach § 203 StGB, in Österreich nach § 121 StGB und in der Schweiz nach Art. 321 StGB. Verantwortliche in Einrichtungen der Sozialen Arbeit sind somit angehalten zunächst zu eruieren, welche rechtlichen Vorschriften gelten (je nach Staat, Bundesland oder Kanton und Berufsstand unterschiedlich) und bei Bedarf Unterstützung zu Fragen des Datenschutzes und der beruflichen Schweigepflichten einzuholen, wenn sie die rechtlichen Vorgaben allein nicht angemessen umsetzen können.

4.2 Maßnahmen der Datensicherheit

Damit personenbezogene Daten vertraulich bleiben, bedarf es eines Schutzkonzepts durch den Anbieter sozialer Dienstleistungen im Internet. Das gilt über den Datenschutz hinaus auch für den Schutz von Berufsgeheimnissen. Der Begriff »Datensicherheit« bezeichnet dabei die Sicherung von Daten jedweder Art, während es beim »Datenschutz« um die Privatsphäre von Menschen geht, also den »Schutz personenbezogener Daten«. Um Datenschutz auch tatsächlich in der Praxis realisieren zu können, braucht es den technischen Datenschutz (Petrlic & Sorge 2017).

Die Konzeptionierung, Umsetzung und dauerhafte Realisierung der Sicherheitsmaßnahmen können von internen wie externen Personen geleistet werden. Dabei ist es wichtig, alle Beteiligten, die Zugriff auf personenbezogene Daten oder Geheimnisse haben, schriftlich zur Verschwiegenheit zu verpflichten. In Deutschland machen sich die Berufsgeheimnisträger nach § 203 StGB nicht strafbar, wenn sie interne Mitarbeitende (»Gehilfen«) oder Externe (»mitwirkende Dritte«) verpflichten, selbst wenn diese dann unbefugt Geheimnisse offenbaren. Ist diese Verpflichtung nicht erfolgt, so machen sie sich strafbar. Welche Aspekte ein umfassendes Konzept zum effektiven Schutz von personenbezogenen Daten enthalten sollte, zeigt Tabelle 13 (▶ Tab. 13).

4.2 Maßnahmen der Datensicherheit

Tab. 13: Datenschutz- und Datensicherheitskonzept

Bereich	Maßnahmen
Gesamtkonzept	Erstellung eines Gesamtkonzepts zu Datenschutz und Datensicherheit, das alle Prozesse umfasst, die mit personenbezogenen Daten und Berufsgeheimnissen einhergehen, inkl. der beteiligten Personen und Technik, basierend auf den jeweils geltenden rechtlichen Vorschriften.
Verantwortlichkeiten und Aufgaben der Beteiligten	Definition der Zuständigkeiten, Aufgaben und Verantwortlichkeiten.
Einbindung aller Beteiligten	Einführung und Weiterbildung zu Datenschutz und Datensicherheit aller Beteiligten auf dem jeweiligen Niveau und nach Schutzbedarf.
Serverstandort	Es ist zu klären, wo der genutzte Internetserver physisch seinen Standort hat und welchem staatlichen Recht er damit unterliegt. Problematisch wird es bei Staaten, die kein vergleichbares Datenschutzniveau garantieren können und/oder keine Rechtsabkommen mit dem Staat haben, von wo aus das Dienstleistungsangebot verantwortet wird.
Serverzugriff	Klärung, wer die technische Implementierung und Wartung vornimmt und ggf. explizite Einbindung in die Schweigepflicht.
IP-Adressspeicherung	Die Speicherung der IP-Adressen der Nutzer*innen entscheidet darüber, ob deren Anonymität geschützt ist oder ggf. auf eine Person zurückgeführt werden kann.
Rechtemanagement	Regelung, wer (z. B. mittels Benutzername und Passwort) auf welche Daten und Funktionen zugreifen kann.
Verschlüsselte Speicherung	Sicherstellen, dass die personenbezogenen Daten geschützt und verschlüsselt gespeichert werden.
Verschlüsselter Datentransfer	Sicherstellen, dass personenbezogene Daten, die über das Internet ausgetauscht werden, ausreichend verschlüsselt transferiert werden.
Schutz der Infrastruktur und Netze	Die gesamte technische Infrastruktur ist in den Blick zu nehmen und etwa durch sog. Firewalls und andere Maßnahmen und Prozesse abzusichern.

Fachkräfte der Sozialen Arbeit bringen i.d.R. nicht die sicherheitstechnischen und datenschutzrechtlichen Kenntnisse mit, die es braucht, um eine vertretbare soziale Dienstleistung im Internet anbieten zu können. So bedarf es in der Praxis neben den angestellten Mitarbeitenden einer sozialen Einrichtung auch externer Dienstleister, die das abdecken können, falls die Organisation nicht so groß ist, dass sie eine eigene IT-Abteilung mitbringt. Wichtig ist dabei allerdings, die fachlichen Entscheidungen nicht allein von der Technik vorgeben zu lassen. Vielmehr sollte die Technik im Sinne der Fachlichkeit umgesetzt und ausgestaltet werden. Das gilt auch im Hinblick auf fachliche Fragen mit Bezug auf Datenschutz und Datensicherheit.

Unter Umständen ist es aber auch effizienter, spezialisierte Fachleute zu bezahlen, die sich tagtäglich mit Sicherheits- und Datenschutzfragen befassen. So ist es etwa möglich, auch Freiberufler*innen als betriebliche Datenschutzbeauftragte auf Honorarbasis zu verpflichten. Es kann aber auch Sinn machen, etwa auf der Ebene von Fach- und Wohlfahrtsverbänden, Musterlösungen und Standards zu erarbeiten und gemeinsam Ressourcen einzukaufen.

4.3 Umsetzung in der Praxis

Die nachfolgenden Fragen können dabei helfen, sich die eigene Umgangsweise in Bezug auf personenbezogene Daten und mögliche Geheimnisse der Klient*innen bewusst zu machen.

Fragen im Umgang mit personenbezogenen Daten und Geheimnissen

- Welche rechtlichen Regelungen gibt es für meinen Tätigkeitsbereich?
- Was sind die zuständigen Behörden für die Datenschutzaufsicht?
- Gibt es für mich besondere berufsrechtliche Vorschriften?

- Existiert ein umfassendes Datenschutz-/Sicherheitskonzept in meiner Organisation mit einem Verfahrensverzeichnis im Umgang mit personenbezogenen Daten?
- Muss in meiner Stelle ein betrieblicher Datenschutzbeauftragter bestellt werden?
- Wo fallen personenbezogene Daten an?
- Wo ist der Server der Fachanwendung der sozialen Dienstleistung angesiedelt (Rechtsstand)?
- Auf welcher Grundlage (Einwilligung/Gesetz) erfolgt die Erhebung, Speicherung und Nutzung personenbezogener Daten?
- Gibt es besonders sensible Daten (z. B. zu Gesundheit, Religion etc.), die rechtlich eigens geregelt sind?
- Gibt es in meiner Organisation konkrete Vorgaben zum Umgang mit diesen Daten?
- Gibt es gesetzliche Auskunftspflichten? Sind den Beteiligten diese Vorgaben bekannt?
- Werden die personenbezogenen Daten/Geheimnisse effektiv geschützt?
- Werden personenbezogene Daten oder Geheimnisse an Dritte übermittelt?
- Auf welcher Grundlage (Einwilligung/Gesetz) erfolgt eine etwaige Übermittlung?
- Erfolgt ein möglicher Datentransfer auf einem geschützten Weg (z. B. SSL-Verschlüsselung)?
- Sind dabei alle beteiligten Personen, die gesamte Technik und Organisation im Blick?
- Gibt es Meldepflichten bei Datenschutzverstößen?

Der hier dargelegte Überblick soll eine grundlegende Orientierung zum Themenfeld geben, der es Fachkräften der Sozialen Arbeit ermöglicht, gemeinsam mit den zuständigen Datenschützer*innen, IT-Fachleuten und Jurist*innen (z. B. aus den Fachabteilungen IT/Recht bzw. mit externen Fachleuten) die zentralen Grundfragen auf Basis der eigenen Fachlichkeit zu erörtern. So kann die konkrete Arbeit sowohl fachlich fundiert als auch rechtlich abgesichert werden, indem die jeweils relevanten Normen eruiert und fachgerecht umgesetzt werden. Die nachfolgenden Internetquellen können dabei helfen die Thematik weiter zu vertiefen.

4.4 Kosten und Finanzierung

Die Kosten für soziale Dienstleistungen im Internet unterscheiden sich erheblich. Es ist nicht sinnvoll hier konkrete Zahlen zu nennen, da diese permanent in Entwicklung sind und sich auch je nach Land sehr unterscheiden können. Allerdings gibt es unterschiedliche Kostenarten, die es in den Blick zu nehmen gilt und die bei einer Kostenplanung relevant sind, insbesondere um finanzielle Risiken minimieren zu können. Der Unterschied liegt dabei nicht nur im Preis, sondern auch in den Zahlungsverpflichtungen und der Art der Zahlungsweise (▶ Tab. 14).

Tab. 14: Kostenarten bei sozialen Dienstleistungen im Internet

Kostenart	Beschreibung
Dienstleistungskosten	Personalkosten, die für die Zeit der Dienstleistung entstehen, etwa für Onlineberatung.
Vor- und Nachbereitung der Dienstleistung	Bei Techniknutzung ist von einem erhöhten Zeitbedarf auszugehen im Gegensatz zu Face-to-face-Dienstleistungen, da es häufiger zu Störungen kommt und Zusatzaufgaben dazukommen (Zugang zu Server etc.).
Indirekte Personalkosten	Kosten, die anfallen und nicht unmittelbar den Personalkosten der Dienstleistungen zuzurechnen sind: Verwaltung, Räume etc.
Fachliche Qualifizierung	Kosten für die fachliche Qualifizierung der Mitarbeitenden, die die Dienstleistung erbringen.
IT-Infrastruktur	Bereitstellung aktueller Rechner und Netze (Intranet-/Internetzugang).

4.4 Kosten und Finanzierung

Tab. 14: Kostenarten bei sozialen Dienstleistungen im Internet – Fortsetzung

Kostenart	Beschreibung
Sicherheitsinfrastruktur	Sicherheitsmaßnahmen innerhalb eines Datenschutz- und Sicherheitskonzepts, einschließlich technischer Geräte (z. B. Firewall) und entsprechender Qualifizierungen, je nach Tätigkeitsbereich.
Fachanwendung	Kosten für die Fachanwendung, die eine sichere Datenspeicherung und Datentransfer gewährleistet.

Von einer Fachanwendung ist die Rede, wenn mit ihrer Hilfe eine fachliche Dienstleistung unterstützt oder angeboten werden kann. Oft werden damit Anwendungen bezeichnet, die die internen Prozesse einer Organisation unterstützen. Software für Onlineberatung oder Blended Counseling kommt in diesem Zusammenhang weniger zur Sprache, obwohl solche Anwendungen ebenfalls Fachsoftware darstellen. Ein nicht zu unterschätzender Kostenfaktor besteht darin, ob es sich bei der Fachanwendung um eine eigene Lösung handelt oder ob deren Nutzung bei einem bestehenden Portal angemietet wird. Dabei kann die Fachanwendung in die eigene Homepage einer Einrichtung eingebunden werden, unabhängig davon, ob es sich um eine eigene Fachanwendung handelt oder eine angemietete (▶ Tab. 15).

Tab. 15: Fachanwendung für soziale Dienstleistungen im Internet

Anwendungsart	Zu beachten
Eigene Fachanwendungssoftware auf eigenem Server im eigenen Haus	Hier besitzt die Einrichtung eine eigene Software oder hat eine Lizenz für die Software der speziellen sozialen Dienstleistung, die jederzeit angepasst und weiterentwickelt werden kann. Da der Server im eigenen Haus ist, kann der Schutz der Daten unmittelbar vor Ort gewährleistet werden. Das ist die Variante, die sicherlich am teuersten ist, zugleich aber die meisten Gestaltungsmöglichkeiten bietet.

4 Vertraulichkeit auch im digitalen Raum: Datenschutz

Tab. 15: Fachanwendung für soziale Dienstleistungen im Internet – Fortsetzung

Anwendungsart	Zu beachten
Eigene Fachanwendungssoftware auf fremdem Server	Hier besitzt die Einrichtung eine eigene Software oder hat eine Lizenz für die Software der speziellen sozialen Dienstleistung, die jederzeit angepasst und weiterentwickelt werden kann. Da der Server nicht im eigenen Haus ist, kann der Schutz der Daten nicht vor Ort gewährleistet werden. Es müssen Verträge mit dem Serverdienstleister geschlossen werden (Auftragsdatenverarbeitung), so dass Datenschutz und Datensicherheit auch angemessen gewährleistet werden.
Fremde Fachanwendungssoftware auf fremdem Server	Hier besitzt die Einrichtung keine eigene Software und hat keine Lizenz für die Software der speziellen sozialen Dienstleistung. Sie kann also nicht einfach angepasst und weiterentwickelt werden. Hier stellt sich die Frage, wieviel eigene Gestaltungsmöglichkeiten überhaupt bestehen. Da der Server nicht im eigenen Haus ist, kann der Schutz der Daten nicht vor Ort gewährleistet werden. So müssen Verträge mit dem Serverdienstleister geschlossen werden (Auftragsdatenverarbeitung), so dass Datenschutz und Datensicherheit auch angemessen gewährleistet werden. Das ist sicherlich die kostengünstigste Variante, die i. d. R. auf monatlicher Mietbasis erfolgt. Sie bietet aber auch wenig Gestaltungsmöglichkeiten bei der Anpassung der Anwendung.

Bislang gibt es kaum Regelfinanzierungen für Onlineberatung oder Blended-Counseling-Angebote. Meist werden ausschließlich Face-to-Face-Dienstleistungen von staatlichen Stellen finanziert. Der Markt an Selbstzahler*innen ist sehr überschaubar. So werden Beratungsleistungen über das Internet vielfach als kostenlose Zusatzleistungen erbracht, die von Drittmittelgebern (Spender*innen, pauschal finanzierenden Stellen) finanziert werden, oder es gibt zeitlich befristete Projektfinanzierungen. Umso wichtiger ist es bei Onlineangeboten von Anfang an vorausschauend zu kalkulieren, um nicht in eine Kostenfalle zu geraten.

4.4 Kosten und Finanzierung

Tipp zur Finanzierung und Kostenplanung

Bevor größere Summen für Onlineangebote investiert werden, sollten erst die Finanzierungsquellen eruiert und abgesichert werden. Zum Start eines neuen Onlineangebots bietet sich der Projektstatus an, da Projekte eher finanziert werden als dauerhafte Regelangebote. Hier sind als Finanzquellen neben staatlichen Stellen auch Großspender, Sponsoren und Lotterien denkbar, da ein Projekt öffentlichkeitswirksam dargestellt werden kann. Allerdings sollte darauf geachtet werden, zu Beginn keine dauerhaften Folgekosten zu produzieren, die nicht mehr rückgängig gemacht werden können, falls sich Bedarf und/oder Finanzierung nicht entsprechend realisieren lassen. Parallel kann eine langfristige Regelfinanzierung in die Wege geleitet werden. Sollte sich ein entsprechender Bedarf herausstellen, so kann dieser bereits mit ersten Ergebnissen des Projekts dargestellt werden.

Reflexionsfragen

- Wie wird die Vertraulichkeit der Beratung über das Recht hinaus begründet?
- Welche unterschiedlichen Dimensionen sind bei Vertraulichkeit der Beratung zu beachten?
- Wie unterscheiden sich die Begriffe Datenschutz und Datensicherheit?
- Welche Anwendungsarten von Fachanwendungen gibt es?

Links

Bundesamt für Sicherheit in der Informationstechnik: BSI für Bürger: www.bsi-fuer-buerger.de (Internetsicherheit, Sicherheit von Mobiltelefonen)
Bundesamt für Sicherheit in der Informationstechnik: IT-Grundschutz: https://www.bsi.bund.de/DE/Themen/Unternehmen-und-Organisationen/Standards-und-Zertifizierung/IT-Grundschutz/it-grundschutz_node.html

4 Vertraulichkeit auch im digitalen Raum: Datenschutz

Der Eidgenössische Datenschutz- und Öffentlichkeitsbeauftragte: https://www.edoeb.admin.ch/
Datenschutzbehörde Republik Österreich: https://www.dsb.gv.at/
Datenschutzstelle des Fürstentums Liechtenstein: https://www.datenschutzstelle.li/
Portal zu Vertraulichkeit in Beratung und Therapie: https://www.vertraulichkeit-datenschutz-beratung.de/
Nationale Kommission für den Datenschutz des Großherzogtums Luxemburg: https://cnpd.public.lu/de.html
Virtuelles Datenschutzbüro (EU und Schweiz): www.datenschutz.de

5 Technik für die Beratung im digitalen Setting

> **Überblick**
>
> In diesem Kapitel geht es darum,
>
> - welche Formen von webbasierter Software für die Beratung unterschieden werden können,
> - welche Anforderungen Software im Beratungskontext erfüllen muss,
> - wie Kommunikation und Problemlöseprozesse in der Beratung durch Software unterstützt werden können und
> - welche technischen Entwicklungen sich im Beratungskontext abzeichnen.

Die Wahl einer geeigneten Technik hat Einfluss auf die Qualität der Beratung (Wenzel 2006, Risau 2009). Entsprechend wurden schon früh Qualitätsstandards für die Onlineberatung etabliert, die auch technische Anforderungen an Beratungssoftware umfassen (Hintenberger & Kühne 2006, Engelhardt 2013, Knatz 2006, Reindl 2015). Insbesondere der Aspekt des Datenschutzes und der Datensicherheit wurde dabei fokussiert (Wenzel 2006, ► Kap, 6).

5.1 Webbasierte Beratungssoftware

Die Kommunikation und Interaktion zwischen Klient*innen und Berater*innen kann auf vielfältige Weise durch digitale Technik unterstützt bzw. ermöglicht werden. Die folgenden Überlegungen sollen dabei helfen, diese unterschiedlichen Möglichkeiten einzuordnen.

Digitale Orte der Beratung

Die Alltagskommunikation ist vielfältig durch digitale Medien durchdrungen. Für Beratungsorganisationen bzw. Berater*innen stellt sich daher die Frage, wie sie ihre Zielgruppe(n) online erreichen kann. Hier lassen sich zwei digitale Orte der Beratung unterscheiden (Kühne 2021): Zum einen sind das digitale Orte, wo sich die Zielgruppe aufhält, z. B. kommerziell orientierte Social-Media-Plattformen. Zum anderen sind das spezifisch für die Beratung geschaffene Orte, z. B. ein von einer Beratungsorganisation angebotenes Beratungsportal. Bei der Ansprache von Klient*innen im Internet ergibt sich ein Spannungsverhältnis von Niedrigschwelligkeit und Datenschutz (▶ Kap. 2). Die digitalen Orten, wo sich die Zielgruppe aufhält, weisen häufig nicht die notwendige Vertraulichkeit auf, die Voraussetzung für ein Beratungssetting sind. Die oben angesprochenen Qualitätsstandards sind daher wichtig, um entscheiden zu können, an welchen Orten eine Beratung angeboten werden kann und an welchen nicht. An nicht vertrauenswürdigen Orten besteht jedoch die Möglichkeit, auf ein Beratungsangebot hinzuweisen und bezüglich Datenschutzfragen zu sensibilisieren. Für die Beratung selbst sollten nur datenschutzkonforme Plattformen genutzt werden. Aus diesem Grund stehen die eigens für die Beratung geschaffenen Orte im Folgenden im Vordergrund.

Standardsoftware versus Individualsoftware

Als Individualsoftware wird Software bezeichnet, die eigens für eine Organisation entwickelt worden ist. Mit Standardsoftware wird im Gegenzug

Software bezeichnet, die einen klar definierten Anwendungsbereich hat und als vorgefertigtes Produkt erworben werden kann. Mit Branchensoftware ist eine Standardsoftware gemeint, die spezifisch auf die Bedürfnisse einer Branche ausgerichtet ist, z. B. auf den Sozialbereich. In der Sozialen Arbeit hat sich hierfür eher der Begriff Fachsoftware etabliert. I. d. R. ist damit Software gemeint, die die Abrechnung von Leistungen, die Planung und Dokumentation von Maßnahmen und/oder die Dienst- und Einsatzplanung ermöglicht (Kreidenweis 2018b). Beratungssoftware wird in diesem Kontext eher seltener erwähnt.

Beratungsorganisationen bzw. Berater*innen, die eine Beratungssoftware einsetzen möchten, stehen demnach vor der Entscheidung, eine bestehende Standardsoftware zu erwerben oder eine Individualsoftware entwickeln zu lassen. In der Praxis sind beide Varianten verbreitet, wie sich mit Blick auf bestehende Beratungsangebote konstatieren lässt. Insbesondere größere Beratungsorganisationen nutzen zum Teil Individualsoftware, weil die Entwicklung einer Beratungssoftware größere Investitionen voraussetzt. Daneben haben sich Anbieter*innen auf dem Markt etabliert, die Beratungssoftware als Standardsoftware anbieten. Bislang fokussierten sich diese primär auf Beratungsorganisationen. Zunehmend werden auch Einzelpersonen, z. B. freiberufliche Berater*innen angesprochen (Justen-Horsten & Paschen 2016).

Tools versus Plattformen

Meist ist von Tools (Werkzeugen) die Rede, wenn es um den Technikeinsatz in der Beratung geht. Der Begriff wird jedoch oft unscharf verwendet. Wenger et al. (2009) unterscheiden bezüglich Communities of Practice vier Perspektiven, um auf den Technikeinsatz zu schauen. Diese Unterscheidung lässt sich auf den Beratungskontext übertragen:

- Werkzeuge (tools), die bestimmte Beratungsaktivitäten unterstützen.
- Plattformen (platforms), in welche Anbieter*innen und Entwickler*innen die Werkzeuge verpacken. Es kann sein, dass eine Plattform primär ein Werkzeug enthält. I. d. R. werden jedoch mehrere Werkzeuge für einen bestimmten Einsatzweck integriert.

- Funktionen (features), die helfen, Werkzeuge und Plattformen brauchbar zu machen. Sie bestimmen, ob Tools oder Plattformen für einen bestimmten Einsatzzweck nützlich sind.
- Die gesamte Konfiguration (configuration) von Technologien, die genutzt werden, um ein Beratungsangebot anzubieten. Ein solche Konfiguration wird selten auf eine einzelne Plattform beschränkt bleiben.

Einzel- versus Systemlösung

Plattformen können unterschiedlich breit gefasst sein, also unterschiedliche viele Tools umfassen. Handelt es sich eher um eng gefasste Software, die eine bestimmte Form der Beratung im digitalen Setting unterstützen soll, so spricht man von einer Einzellösung. Von einer Systemlösung spricht man hingegen, wenn mittels einer Plattform mehrere kommunikative Settings ermöglicht werden sollen.

Beide Lösungen haben ihre jeweiligen Vor- und Nachteile: So können Einzellösungen sehr passend auf die eigenen Bedürfnisse ausgewählt werden. Sie bieten jedoch nicht die vielfältigen Kommunikations- und Interaktionsmöglichkeiten von Systemlösungen. Wenn in einem Beratungsprozess mehrere Einzellösungen miteinander kombiniert werden, kommt es beim Wechsel des kommunikativen Settings nicht nur zu einem Medienbruch, sondern es kommt auch eine andere Softwareumgebung zum Einsatz (Hörmann et al. 2019). Systemlösungen auf der anderen Seite können verschiedenste Kommunikationsbedürfnisse abdecken. Die einzelnen Tools haben jedoch potenziell eher weniger gute Features, so dass hier Abstriche bei der Nützlichkeit in Kauf genommen werden müssen (ebd.).

Einsatzfelder der Beratungssoftware

Geißler (2018) unterscheidet drei Hauptfelder für den Einsatz von digitalen Medien im Coaching. Diese Unterscheidung lässt sich auf die Beratung übertragen:

- Kommunikation zwischen Berater*innen und Klient*innen,
- Unterstützung der Problemlöseaktivitäten,
- Verwaltung von Beratungen.

Im Vordergrund webbasierter Beratungssoftware steht i. d. R. die Kommunikation zwischen Berater*innen und Klient*innen. Aus diesem Grund kann zum Teil auch Software eingesetzt werden, die zwar nicht spezifisch für die Beratung konzipiert wurde, jedoch die Anforderungen an Datenschutz und Klient*innensicherheit berücksichtigt.

Hecht (2010) weist darauf hin, dass das Internet nicht nur ein Medium der Information und Kommunikation, sondern auch der Interaktion ist. Damit ist gemeint, dass webbasierte Medien, wie es Geißler beschreibt, direkt zur Unterstützung der Beratungsaktivitäten beitragen können. Diese Überlegungen standen lange Zeit eher im Hintergrund der fachlichen Auseinandersetzung (Hecht 2010, Risau & Riesenbeck 2011), werden aber zunehmend stärker diskutiert.

Über die eigentliche Beratung hinaus fallen weitere Aufgaben für Berater*innen an, die ebenfalls durch digitale Medien unterstützt werden können. Hecht (2012) spricht hier von Sekundäraufgaben, die u. a. dazu dienen, eine Beratungsleistung in den organisationalen Kontext einer Beratungsorganisation einzubetten. Geißler (2018) spricht in diesem Kontext vom Management oder der Verwaltung von Beratung.

5.2 Anforderungen an Beratungssoftware

Bei der Auswahl einer geeigneten Beratungssoftware spielen einige Faktoren eine Rolle. Zusammenfassend lassen sich folgende Kriterien für die Auswahl von Beratungssoftware nennen (Camenzind et al. 2021, Risau 2019): Funktionale Passung zum Konzept, Datenschutz und Datensicherheit, Bedienungsfreundlichkeit, Stabilität und organisationale Einbettung.

5.2.1 Funktionale Passung

Risau (2019) schlägt als Kriterium vor, dass eine Software möglichst vielfältige kommunikative Settings ermöglichen soll. Vor dem Hintergrund, dass sich Niedrigschwelligkeit in der Onlineberatung insbesondere durch vielfältige Zugänge zu einem Angebot ergibt, ist dies nachvollziehbar. Das Kriterium kann auch allgemeiner formuliert werden: Eine Software braucht Tools und Funktionen, die es ermöglichen, die konzeptionellen Überlegungen zu einem Beratungsangebot technisch umzusetzen. Mit Blick auf die o. g. Unterscheidung zwischen Einzel- und Systemlösung kann dies bedeuten, dass man bei der Auswahl einer Beratungssoftware nicht in jedem Fall einen möglichst breiten Funktionsumfang ins Auge fasst.

5.2.2 Datenschutz und Datensicherheit

Obwohl es der Begriff suggerieren könnte, zielt der Datenschutz nicht auf den Schutz von Daten ab, sondern auf die Rechte der Personen, über die Daten gesammelt werden (▶ Kap. 4). Die technischen Aspekte des Datenschutzes werden unter dem Begriff der Datensicherheit oder allgemeiner der Informationssicherheit diskutiert. Der Schutz von Daten fällt in den Bereich der Datensicherheit, wobei hier im Gegensatz zum Datenschutz auch nicht personenbezogene Daten in den Blick kommen. Maßnahmen in dieser Domäne zielen darauf ab, Daten vor Manipulation, unautorisierter Einsichtnahme sowie Verlust zu schützen (Jäschke & Rüter 2018). Im Kontext der Informationssicherheit wird betont, dass eine isolierte Betrachtung bspw. einer Beratungssoftware zu kurz greift. Vielmehr müssen alle zum Einsatz kommenden Informationstechnologien unter dem Aspekt der Sicherheit betrachtet werden. Aus den Anforderungen zur Datensicherheit lassen sich verschiedene Kriterien an eine Beratungssoftware formulieren.

Verschlüsselung: Ein zentrales Element, um Datensicherheit im digitalen Setting zu gewährleisten, ist die Verschlüsselung. Mit entsprechenden Technologien wird der Klartext einer Nachricht unter Einsatz eines Schlüssels zu einem Geheimtext chiffriert. Die Empfänger*innen können

5.2 Anforderungen an Beratungssoftware

mit einem Schlüssel den Geheimtext wieder dechiffrieren. Verschlüsselt werden müssen sowohl die in einer Beratungssoftware gespeicherten Daten als auch die Kommunikationswege zwischen Berater*innen und Klient*innen. Bei letzterem ist darauf zu achten, dass Nachrichten gleich bei den Absender*innen verschlüsselt und erst bei den Empfänger*innen wieder entschlüsselt (sog. Ende-zu-Ende-Verschlüsselung) und nicht dazwischen auf einem Server der Softwareanbieter*innen ent- und für den Weitertransport wieder verschlüsselt werden (sog. Transportverschlüsselung), weil ansonsten die Anbieter*innen Einsicht in die Daten nehmen können. Die Verschlüsselung von Daten reicht jedoch noch nicht aus, um die in Beratungssettings benötigte Vertraulichkeit zu gewährleisten.

Datensparsamkeit: Ein weiteres Kriterium ist daher, bei der Kommunikation möglichst wenig Daten zu speichern. Man spricht hierbei von Datensparsamkeit (▶ Kap. 4). Damit ist gemeint, dass von Anbieter*innen keine oder möglichst wenige Daten bspw. darüber erhoben werden, wer mit wem in welchem Kontext wie intensiv kommuniziert. Solche Daten werden Metadaten oder Randdaten genannt. Sie erlauben es, sehr viel Wissen über die Kommunikationspartner*innen zu erlangen, auch wenn man den eigentlichen Inhalt einer Nachricht (aufgrund von Verschlüsselung) nicht kennt.

Anonymisierung/Pseudonymisierung: Im Kontext der anonymen Distanzberatung, aber auch als generelles Kriterium im Kontext von Datenschutz ist die Möglichkeit zu sehen, eine Plattform anonym oder mittels Pseudonym zu nutzen. Die anfallenden Daten können dadurch nicht (bei anonymer Nutzung) oder nur schwer (bei pseudonymer Nutzung) einer bestimmten Person zugewiesen werden. Bspw. unterscheiden sich Messenger-Dienste darin, ob man für deren Nutzung eine Telefonnummer angeben muss oder nicht. Nur im letzteren Fall ist eine anonyme Nutzung möglich.

Serverstandort: Kommunikationsdienste können potenziell weltweit angeboten werden. Nicht alle Staaten bieten jedoch den gleichen gesetzlichen Datenschutzstandard. Damit gerät die Frage in den Blick, wo die Server der Anbieter*innen stehen, über die Daten übermittelt bzw. auf denen Daten gespeichert werden.

Offener Quellcode: Wird der Quellcode einer Software offengelegt, haben Fachpersonen mit der entsprechenden Qualifikation die Möglichkeit, die

Software zu überprüfen und damit die Aussagen der Anbieter*innen zur Sicherheit ihrer Produkte zu überprüfen. Einige Anbieter*innen geben entsprechende Überprüfungen selbst in Auftrag, um mögliche Schwachstellen in ihren Sicherheitskonzepten und Produkten (regelmäßig) zu identifizieren.

Rechte-/Rollenkonzept: Reindl (2015) fordert beim Einsatz von Beratungssoftware eine restriktive Regelung zur Speicherung und zum Zugriff auf Datenbestände. Dabei handelt es sich nicht nur um technische Aspekte, sondern es geht auch um die Handhabung des Datenschutzes in einer Beratungsorganisation. Aus technischer Sicht benötigt eine Software jedoch ein entsprechendes Rechte- und Rollenkonzept bzw. Einstellungen dazu, um den Zugriff auf Datenbestände auf das Notwendige zu beschränken.

5.2.3 Bedienungsfreundlichkeit

Neben Datenschutz und Datensicherheit wird die Bedienungsfreundlichkeit (Usability) als weitere zentrale Anforderung an Beratungssoftware genannt, dies sowohl aus dem Blickpunkt von Klient*innen als auch der Berater*innen. Die International Standard Organisation (ISO) definiert Usability als Ausmaß, in dem ein System, Produkt oder Service durch bestimmte Benutzer*innen in einem bestimmten Nutzungskontext genutzt werden kann, um bestimmte Ziele effektiv, effizient und zufriedenstellend zu erreichen (Sauer et al. 2020). Ein Aspekt davon ist bspw., wie einfach Benutzer*innen eine Software installieren und/oder sich bei einem webbasierten Dienst registrieren und einloggen können (Silfverberg, Hörmann & Tschopp 2022).

Gerade zu Beginn der Nutzung einer Software kommen mögliche Systemanforderungen (Hard- und Software) in den Blick. Beratungssoftware sollte möglichst unabhängig von bestimmten Geräten oder Betriebssystemen genutzt werden können. Internetnutzung findet heute zum größten Teil auf Mobilgeräten statt. Damit ist klar, dass Beratungsplattformen ein responsives oder adaptives Design aufweisen müssen, damit sie auf Mobilgeräten genutzt werden können (Risau 2019).

5.2 Anforderungen an Beratungssoftware

Barrierefreiheit (Accessibility) ist eine Anforderung an Beratungssoftware, die mit der Bedienungsfreundlichkeit in Zusammenhang steht. Barrierefreiheit fordert, dass Webseiten, Tools und Plattformen bzw. Technologien generell so gestaltet sind, dass sie durch Personen mit Beeinträchtigungen genutzt werden können (W3C 2022).

Die Verständlichkeit eines Angebots ist ein weiterer Aspekt, den man unter der Bedienungsfreundlichkeit auflisten könnte. Die Attraktivität eines Beratungsangebots ist auch von seiner Transparenz und Glaubwürdigkeit abhängig (Risau 2019). Je nach Zielgruppe kann daher Mehrsprachigkeit als Anforderung an eine Beratungssoftware definiert werden (Reindl 2015). Angebote in leichter Sprache wurden bislang von der anvisierten Zielgruppe kaum genutzt. Allenfalls können in Zukunft Sprachinterfaces neue Zugangsmöglichkeiten bei Personengruppen mit kognitiver Beeinträchtigung ermöglichen (Engelhardt 2021).

Ein eher technischer Aspekt der Bedienungsfreundlichkeit ist die Stabilität des Systems bzw. die hohe Verfügbarkeit von Servern und Rechnern (Reindl 2015). Dies wird insbesondere dort zum Thema, wo hohe technische Anforderungen an das System gestellt werden, also bei synchronen Audio- oder Videoübertragungen. Kleinere Anbieter, die Wert auf Sicherheit legen, haben hier gegenüber großen kommerziellen Plattformen größere Herausforderungen zu meistern. Angemerkt sei hierbei auch, dass technische Probleme oft nicht bei den Plattformanbieter*innen ausgelöst werden, sondern in der Infrastruktur auf Seiten Klient*innen (z. B. zu wenig Bandbreite in der Internetverbindung) oder bei Berater*innen begründet liegen.

Mit technischen Sicherheitsstandards und der Bedienungsfreundlichkeit sind zwei wesentliche Anforderungen an Beratungssoftware thematisiert. Nicht immer lassen sich diese beiden Kriterien einfach vereinbaren. Hohe Sicherheit geht nicht immer mit einer einfachen Benutzbarkeit einher. Da bei der Entwicklung zunehmend ein Augenmerk auf Bedienungsfreundlichkeit gelegt wird, gelingt die Vereinbarkeit laufend besser. Messenger bspw., die Wert auf Sicherheit und Datensparsamkeit legen, sind i. d. R. genau so leicht zu bedienen wie andere.

5.2.4 Organisationale Einbettung

Wenn Software nicht spezifisch für den Beratungskontext entwickelt wurde, ist ein einfacher Einsatz in einer Beratungsorganisation oder für Berater*innen nicht immer gegeben. So kosten z. B. einige datenschutzkonforme Messenger einen kleinen Geldbetrag, womit eine Hürde entsteht für Klient*innen, die diesen Geldbetrag nicht für einen Messenger investieren wollen oder können. Es gibt Wege, diese Problematik zu umgehen, indem die entsprechenden Apps z. B. an Klient*innen verschenkt werden, die Kosten übernommen oder Gutscheine für App-Stores verteilt werden. Da Lizenzbedingungen der Software und die dazugehörigen Abläufe für andere Kontexte optimiert wurden, geht dies aber nicht immer einfach von der Hand (Camenzind et al. 2021, Engelhardt & Piekorz 2022).

Risau (2019) nennt weitere Kriterien, die die Einbettung in die Organisation betreffen: eine Klient*innenverwaltung, darüber hinaus die Möglichkeit zur Qualitätssicherung durch integrierte Auswertungs- und Statistiktools sowie individuelle und bedarfsgerechte Statistik. Sollen weitere Softwarepakete im Zusammenspiel mit der Beratungssoftware genutzt werden, stellt sich die Frage der Kompatibilität bzw. von Schnittstellen, über die Daten abgeglichen werden können (z. B. mit einem Falldokumentationssystem). Insbesondere für Selbständige könnte es von Interesse sein, wenn die Beratungssoftware eine Möglichkeit zur Abwicklung von Zahlungen enthaltet (Justen-Horsten & Paschen, 2016).

Darüber hinaus sind Kriterien zu nennen, die die Software bzw. deren Wartung und Weiterentwicklung betreffen. Risau (2019) nennt hierzu eine modulare Struktur der Software, die es erlaubt, die Software weiterzuentwickeln. Reindl (2015) ergänzt hierzu das Customizing als die Möglichkeit, eine Software auf den jeweiligen Bedarf anzupassen. Zudem nennt er ebenfalls die Flexibilität hinsichtlich Weiterentwicklungen und mögliche Erweiterungen sowie eine Einschätzung des Anbieters z. B. bezüglich des technischen Supports (Ansprechpartner*innen, Erreichbarkeit, Reaktionszeiten etc.).

> **Entwicklung und Auswahl von Beratungssoftware**
>
> Zur Entwicklung von Beratungssoftware liegen bislang kaum Erkenntnisse vor (eine Ausnahme bildet Hecht 2012). Dieser Umstand entspricht der Ausrichtung der Sozialinformatik, die sich parallel zur Onlineberatung etabliert hat. Sie wendet sich primär der Nutzung von Software im Sozialbereich zu und weniger deren Entwicklung (ebd.). Folglich fokussiert die Literatur vorab auf Kriterien für die Auswahl von bestehender Software.
>
> Die Wahl der geeigneten Technik ist davon abhängig, welche konzeptionellen Überlegungen für das Beratungsangebot grundlegend sind. Entsprechende Hinweise bzw. Fragenkataloge finden sich bei Risau (2019), Engelhardt (2021) und Reindl (2015). Allgemeine Hinweise zur Auswahl und Einführung von Software im Sozialbereich finden sich bei Kreidenweis (2020).

5.3 Unterstützung der Kommunikation

Die digitale Kommunikation zwischen Klient*innen und Berater*innen kann auf vielfältige Art und Weise ermöglicht werden. Im Fokus stehen hier diejenigen Varianten, welche im Kontext von Beratung am häufigsten thematisiert werden. Dazu gehört das Telefon, auch wenn es im Vergleich zu anderen kommunikativen Settings weniger Beachtung erhält. Das mag nicht erstaunen. Ursprünglich ist das Telefon ein analoges Medium, welches heute jedoch mehrheitlich digital und zum Teil sogar über das Internet übermittelt wird. Zudem hat sich die Telefonberatung insgesamt nicht so stark in der Beratungsliteratur niedergeschlagen. Andere internetbasierte Medien wiederum wurden stärker thematisiert: Onlineberatung wurde lange Zeit typischerweise in Form von E-Mail, Chat oder Forum realisiert. Seit der Einführung dieser Medien in die Beratung hat sich die Internetnutzung stark gewandelt. Das Internet wird immer häufiger mobil genutzt, so dass dem Smartphone als Zugangsgerät eine bedeutende Rolle zukommt (Knatz & Dodier 2021). Waren eine Zeit lang SMS (kurz für Short Message Service) ein wichtiges Kommunikationsmedium, welches auch in der Beratung zum Einsatz kommt, stehen heute stärker Messenger-Dienste im Vordergrund. Nicht zuletzt durch die Corona-Pandemie fand die Videoberatung in Form von Videokonferenzen stärkere Verbreitung, wobei hier auch eine stärkere Nutzung des Telefons diskutiert wurde.

5.3.1 Telefon

Die Entwicklung des Telefons reicht bis ins 19. Jahrhundert zurück, also weit vor die Einführung digitaler Technologien. Telefonnetze wurden ab den 1980er Jahren zunehmend digitalisiert und mittlerweile können Telefonate auch über das Internet übermittelt werden. Ab den 1990er Jahren fanden Mobilfunknetze breite Verbreitung (Korsten 2006). Das Telefon kann heute trotz seiner langen Geschichte als digitales Medium bezeichnet werden.

Publikationen zur Telefonberatung konzentrieren sich stärker auf methodische Herangehensweisen und weniger auf die technischen Grundlagen der Telefonnetze. Hingewiesen wird allenfalls auf mögliche (technische) Störungen im Empfang bzw. während der Gesprächssituation und es werden Empfehlungen zum Umgang mit diesen gegeben. Dazu gehört das Sicherstellen einer ruhigen Umgebung und der Hinweis darauf, dass ein Headset das Hören wie Sprechen erleichtert und eine größere Bewegungsfreiheit erlaubt (Kühne & Hintenberger 2020).

5.3.2 E-Mail, Chat und Forum

Wie bereits erwähnt verändert sich die Internetnutzung laufend und unterscheidet sich je nach Zielgruppe stark. Trotz aller Veränderungen bleibt E-Mail insgesamt weiterhin ein vielgenutztes Medium, wenn auch nicht in allen Zielgruppen. E-Mail stellt auch weiterhin das meist angebotene kommunikative Setting in der Onlineberatung dar. Chat und Forum auf der anderen Seite sind mittlerweile stark durch Soziale Medien verdrängt worden. Im Kontext der Beratung hat sich der Chat jedoch gehalten. Aus beraterischer Sicht sind Foren, die zwar ein etabliertes, aber auch kein weitverbreitetes Medium der Beratung darstellen, in letzter Zeit eher in den Hintergrund gerückt und werden an dieser Stelle daher nur der Vollständigkeit halber erwähnt und nicht weiter ausgeführt (zu Foren aus beraterischer Sicht siehe Engelhardt 2021, Brunner et al. 2009).

E-Mail

In der Literatur zur Onlineberatung wird oft synonym von E-Mail- oder Mail-Beratung gesprochen, unabhängig davon, welche technische Lösung dabei zum Einsatz kommt.

Mit E-Mail- bzw. Mailberatung ist die asynchrone schriftbasierte Form der Onlineberatung gemeint. E-Mail kann technisch gesehen auf unterschiedliche Weise genutzt werden. Eine Möglichkeit besteht darin, ein E-Mail-Programm auf dem eigenen Computer zu verwenden, um E-Mails zu versenden und zu empfangen. Dabei können E-Mails zwischen dem eigenen Computer um dem E-Mail-Server über unterschiedliche Internet-Protokolle übertragen werden (POP3 oder IMAP für den Versand, SMTP für den Empfang). Darüber hinaus bieten E-Mail-Dienste i.d.R. die Möglichkeit, über ein webbasiertes E-Mail-Programm auf die eigenen E-Mails zuzugreifen. Dass die Verbindung zwischen dem eigenen Browser und dem E-Mail-Server in diesem Fall verschlüsselt wird, sollte nicht darüber hinwegtäuschen, dass E-Mails ohne das Ergreifen weiterer Schutzmaßnahmen nicht für die Beratung geeignet sind. Denn E-Mails werden (vom eigenen E-Mail-Server zum E-Mail-Server der Kommunikationspartner*innen) nicht verschlüsselt übertragen. Sie können daher potenziell an Knotenpunkten im Internet und insbesondere auf den Servern der E-Mail-Anbieter*innen eingesehen werden. Eine Beratung mit herkömmlicher, nicht verschlüsselter E-Mail entspricht damit nicht den gewünschten Standards für eine vertrauliche Beratung.

In der Beratung kommen daher spezifisch für diesen Zweck konzipierte Plattformen zum Einsatz, auf denen sich Ratsuchende registrieren, einloggen und Nachrichten an Berater*innen verschicken können. Damit ist nicht ein webbasierter Zugang zu herkömmlichen E-Mails gemeint im

Gegensatz zum Abrufen von E-Mails mit einem E-Mail-Programm, sondern ein eigenständiges System, das oft als Accountsystem bezeichnet wird (Weinhardt 2009). Eine solche Lösung hat den Vorteil, dass die Kommunikation in einem gesicherten Rahmen stattfinden kann. Eine Eigenheit dabei ist, dass Nachrichten jeweils nur an Berater*innen der jeweiligen Organisation verschickt werden können und nicht wie gewohnt an alle Personen mit einer E-Mail-Adresse. Ein Trend bei der Entwicklung und Gestaltung von derartigen Beratungsplattformen ist die Verschmelzung von E-Mail und Chat in einem Nachrichtenstrom, wie er auch bei Messengern zu beobachten ist (Schmalwieser et al. 2022).

Neben dem Einsatz eines Accountsystems besteht die Möglichkeit, E-Mails mit entsprechender Software zu verschlüsseln, um eine vertrauliche Beratung zu gewährleisten. Die Herausforderung besteht hierbei darin, dass der Einsatz von Verschlüsselungssoftware entsprechende IT-Kenntnisse erfordert, die nicht ohne weiteres erwartet werden können. Hier zeigt sich der weiter oben angesprochene potenzielle Gegensatz von Datenschutz und Bedienungsfreundlichkeit. Es gibt verschiedene Dienste, die versuchen, diesen Gegensatz aufzulösen. Diese Dienste sind so konzipiert, dass sie einerseits bedienungsfreundlich gestaltet sind und andererseits E-Mails, die damit versendet werden, automatisch verschlüsseln, ohne dass sich die*der Benutzer*in um die Verschlüsselung kümmern muss. Voraussetzung dafür ist jedoch, dass sowohl Absender*in als auch Empfänger*in den besagten E-Mail-Dienst nutzen, ansonsten werden auch hier die E-Mails unverschlüsselt übermittelt. Klient*innen müssten in diesem Fall also, wie auch bei einem Accountsystem, davon überzeugt werden, sich beim entsprechenden Dienst zu registrieren.

Praxisbeispiele

Assisto sowie die Onlineberatungssoftware der Caritas Deutschland sind zwei Beispiele für Systemlösungen, die neben anderen kommunikativen Settings eine webbasierte Mailberatung ermöglichen. ProtonMail ist ein E-Mail-Dienst, der E-Mails automatisch verschlüsselt, sofern sowohl Absender*in als auch Empfänger*in ProtonMail nutzen.

Diese und die weiter unten folgenden Beispiele sind nicht als Empfehlungen zu verstehen, die andere Angebote ausschließen sollen. Die

Auswahl einer Software ist von verschiedenen Faktoren und vom jeweiligen Kontext abhängig, so dass eine eigenständige Evaluation angezeigt ist. Zudem verändert sich die Technik laufend, so dass Software immer wieder von neuem begutachtet werden muss.

Chat

Beim webbasierten Chat findet die Kommunikation im Gegensatz zur asynchronen E-Mail-Kommunikation quasi-synchron statt. Berater*in und Klient*in müssen zur gleichen Zeit online sein bzw. sich auf einen gemeinsamen Termin verständigen. Mit quasi-synchron ist gemeint, dass es bei der Chat-Kommunikation jeweils zwischen den Nachrichten zu einer gewissen Zeitverzögerung kommt. Das hat technische Gründe, wenn nicht Zeichen für Zeichen sofort übermittelt werden, sondern erst nach dem Abschicken der gesamten Nachricht (Hintenberger 2009). In jedem Fall muss diese vom Gegenüber zuerst gelesen und verarbeitet sowie mit einer neuen Nachricht darauf reagiert werden. Die Chat-Software kann diesen Prozess unterstützen, indem sie anzeigt, ob eine Nachricht übermittelt oder vom Gegenüber gesehen wurde. Sie kann auch signalisieren, wenn das Gegenüber gerade eine Nachricht verfasst. Bekannt sind solche Funktionen auch von Messengern (s. u.).

Chats werden auf den Webseiten von Beratungsanbieter*innen zunehmend als sog. Live-Chats realisiert (Broadbent & Lodge 2021). Damit sind Chat-Fenster gemeint, die i.d.R. unten rechts auf einer Webseite automatisch oder nach Klicken auf ein entsprechendes Symbol erscheinen. Live-Chats wurden ursprünglich zur Kund*innenberatung insbesondere im E-Commerce entwickelt, werden jedoch zunehmend auf andere Kontexte wie die Beratung übertragen. I. d. R. ist es bei einem Live-Chat möglich, eine Textnachricht zu verschicken. Je nach System sind weitere Funktionalitäten implementiert:

- Viele Systeme blenden den Live-Chat nicht aus, wenn niemand online ist, sondern ermöglichen es, eine Nachricht zu hinterlassen oder sogar für einen späteren Zeitpunkt einen Termin zu vereinbaren.

- Neben Textnachrichten ermöglichen es bestimmte Live-Chat-Systeme, Audio- und Videoanrufe zu tätigen.
- Einige Anbieter*innen machen sichtbar, wenn mehrere Berater*innen für die Chat-Beratung zuständig sind. Für Klient*innen besteht so die Möglichkeit, zwischen verschiedenen Berater*innen zu wählen bzw. zu sehen, ob diese online sind oder nicht.

Live-Chats können ganz unterschiedlich ausgestaltet werden. In diesem Zusammenhang wird zunehmend auch die (Teil-)Automatisierung durch sog. Chatbots diskutiert (Waag et al. 2020). Damit sind Systeme gemeint, die Informationen über eine Anfrage ab- bzw. erfragen und automatisch Rückmeldungen geben können. Chatbots können technisch gesehen auf unterschiedliche Art und Weise eingebunden werden, z. B. in Live-Chats auf Webseiten, in Messenger-Diensten oder in Smartphone-Apps. Chatbots können dabei auf unterschiedliche Mechanismen zurückgreifen, um ihre Konversationen zu gestalten. Während einfachere Systeme auf bestimmten Regeln zurückgreifen, basieren komplexere Systeme auf Anwendungen Künstlicher Intelligenz. Diese verarbeiten die Eingaben der Benutzer*innen und versuchen aufbauend dazu, passende Antworten zu geben.

Möglichkeiten und Grenzen von Chatbots

Aufgrund fehlender menschlicher Kommunikation dürften Chatbots im Rahmen der Koproduktion von Lösungsmöglichkeiten bisher kaum in der Lage sein, menschliche Berater*innen zu ersetzen. Das schließt jedoch nicht aus, dass Betroffene im Austausch mit einem Chatbot (einseitig) Lösungen erarbeiten können, auch wenn je nach Schwere des Beratungsanlasses das Risiko besteht, die Problemlage inadäquat zu adressieren und so möglicherweise zu verfestigen oder sogar zu verschärfen. Bei der Wissensweitergabe können Chatbots menschlichen Berater*innen überlegen sein, weil sie schneller auf größere Informationsmengen zugreifen, einzelne Aspekte daraus vergleichen oder kombinieren können und stets erreichbar sind (Waag et al. 2020). Fachlich und ethisch ist es bei einer rein technischen Lösung jedoch fragwürdig von Beratung zu sprechen. Ein Beispiel für einen Chatbot zur Reduzierung des Alkoholkonsums findet sich unter https://noa-coach.ch/.

5.3.3 Videokonferenzen

Engelhardt & Gerner (2017) unterscheiden aus einer technischen Perspektive drei Arten von Videokonferenzen: Videokonferenzen in speziell dafür eingerichteten Konferenzräumen, Videokonferenzen über Bildtelefone, computergestützte Videokonferenzen, auch Desktop-Videokonferenzen genannt. Videokonferenzräume stehen i.d.R. Klient*innen, aber auch Berater*innen in Beratungsorganisationen eher selten zur Verfügung. Noch mehr gilt dies für Bildtelefone, die sich nie auf breiter Basis durchgesetzt haben und von computergestützten Videokonferenzen oder der Nutzung von Smartphones verdrängt wurden. Im Beratungskontext steht also i.d.R. die letztgenannte Variante, computergestützte Videokonferenzen, im Vordergrund.

Voraussetzung für eine Videokonferenz in diesem Sinne ist ein internetfähiges Endgerät (PC, Tablet oder Smartphone) und eine Webkamera. In modernen Geräten sind Kameras i.d.R. integriert. Bei Bedarf können sie separat nachgerüstet werden. Externe Webkameras haben oft eine bessere Bildqualität und können freier platziert werden, was ein ergonomischeres Arbeiten erlaubt. Hilfreich ist in dieser Hinsicht auch ein Headset, wie oben bereits in Bezug auf das Telefon angesprochen wurde. Eine zentrale Voraussetzung für Videokonferenzen ist darüber hinaus eine übertragungsstarke und stabile Internetverbindung, die je nach Standort, besonders in ländlichen Gegenden, nicht in jedem Fall zur Verfügung steht. Um die Übertragungsqualität zu verbessern, wird empfohlen, Geräte per Kabel an das Netzwerk anzuschließen und nicht per Drahtlosnetzwerk. Insgesamt kann man von hohen technischen Anforderungen sprechen, um Beratung per Videokonferenz zu ermöglichen, gerade im Vergleich zu textbasierten Kommunikationssettings.

Neben der Übertragung von Bild und Ton sind in Videokonferenz-Software i.d.R. weitere Kommunikationswerkzeuge wie z.B. ein Text-Chat implementiert. Typischerweise ist es über die Bildschirmfreigabe auch möglich, z. B. Dokumente oder weitere Applikationen in die Beratung einzubeziehen (▶ Kap. 5.4).

Praxisbeispiele

ELVI ist eine datenschutzkonforme Videokonferenzlösung für den Gesundheits- und Sozialbereich, der neben der Übertragung von Bild und Ton einen textbasierten Chat umfasst und das Teilen von Dokumenten und des Bildschirms erlaubt. CAI World ist eine datenschutzkonforme Plattform, die aus dem Coaching-Bereich entstammt, darüber hinaus aber auch in der Beratung oder generell für Meetings eingesetzt werden kann. Eine Eigenheit von CAI World sind spezielle Werkzeuge, Formate genannt, die bestimmte (Problemlösungs-)Prozesse unterstützen können. Diese Formate stammen insbesondere aus dem systemischen Bereich.

5.3.4 Messenger

Messenger bzw. Instant Messaging wurde(n) Ende der 1990er Jahre als Internet-Anwendung auf PCs populär. Ihre heutige Bedeutung für die Alltagskommunikation erlangten Messenger erst mit der Verbreitung von Smartphones und entsprechender Apps. Der hohe Stellenwert von Messengern führt(e) zur Frage, ob und wie diese für die Beratung genutzt werden können.

Messenger haben den Vorteil, dass sie vielfältige Kommunikationssettings innerhalb einer Software ermöglichen können. Engelhardt und Piekorz (2022, 22 f) stellen diese dar, beziehen sie auf mögliche Beratungssettings und geben Beispiele für Einsatzmöglichkeiten. An dieser Stelle werden lediglich die möglichen Funktionen aufgegriffen:

- Schriftlich-textbasiert: Textnachrichten, Links mit Vorschau, Übersetzung (mittels einer verknüpften Übersetzungssoftware),
- mündlich-auditiv: Telefongespräch, Sprachnachricht,
- visuell-bildhaft: Videoanruf, Bild und Video als Anhänge, Emojis & GIFs, weitere Anhänge (Orte, Dateien, Kontakte).

5.3 Unterstützung der Kommunikation

In der Messenger-Kommunikation verschmelzen synchrone und asynchrone Kommunikation zum einem Stream (Kühne 2021). Damit ist gemeint, dass im Messenger sämtliche Interaktionen festgehalten werden und in einem langen Verlaufsprotokoll dargestellt werden. Auf dieses Protokoll kann bei Bedarf immer wieder zugegriffen und es kann laufend weitergeführt werden (Engelhardt & Piekorz 2022, Engel 2019). Die Messenger-Kommunikation gleicht dem quasi-synchronen Chat. Es haben sich jedoch andere Regeln etabliert, so dass nicht unmittelbar eine Antwort erwartet wird. Engelhardt (2021, 70) spricht hierbei von »latenten Konversationsfäden, die zu unterschiedlichen Zeitpunkten wieder aufgenommen werden oder pausieren können«.

Für Berater*innen ist es von Vorteil, dass sie einen Messenger-Dienst sowohl auf einem Smartphone als auch auf einem Desktop-Computer nutzen können, z. B. als webbasierte Variante oder als eigenständige Anwendung. Aktuell ist es nicht ganz einfach, einen passenden Messenger-Dienst für ein Beratungsangebot auszuwählen, wobei es durchaus Möglichkeiten gibt. Die aktuell weit verbreiteten Messenger (z. B. WhatsApp) entsprechen oft nicht den Datenschutzanforderungen, die eine Beratung erfordert. Es gibt zunehmend Messenger-Dienste, die Wert auf Datenschutz und Datensicherheit legen. Diese sind jedoch nicht in allen Fällen für einen Einsatz in einer Beratungsorganisation geeignet, weil bspw. das Lizenzmodell eher auf die interne Teamkommunikation ausgelegt ist. Einige Messenger wurden spezifisch für den Beratungskontext entwickelt. In manchen Fällen bringen diese (noch) nicht die gleichen Funktionen mit wie andere Messenger. In naher Zukunft dürfte diese Lücke geschlossen werden.

Dies gilt generell für die Entwicklung von Beratungssoftware. Durch veränderte Nutzungsgewohnheiten bzw. der stärkeren Nutzung von Smartphones wird sich Beratungssoftware in eine Richtung entwickeln, die sich stärker an dieser veränderten (medialen) Lebenswelt von Klient*innen orientiert (Engelhardt & Piekorz 2022).

Beispiel

Threema ist ein Messenger aus der Schweiz, der Wert auf Sicherheit und Datenschutz legt. Der Dienst kann anonym ohne Mobilnummer genutzt werden. Nachrichten und Anrufe werden automatisch verschlüsselt und es werden kaum Nutzungsdaten erhoben. Threema ist nicht kostenlos, was eine Hürde darstellen kann beim Einsatz in einer Beratungsorganisation.

5.4 Unterstützung von Problemlöseaktivitäten

In den obigen Ausführungen zur Unterstützung der Kommunikation in Beratungsprozessen ist es bereits angeklungen: Digitale Medien haben nicht nur das Potential, die Kommunikation zwischen Berater*innen und Klient*innen zu ermöglichen bzw. zu unterstützen, sondern können auch gezielt eingesetzt werden, um die Problemlöseaktivitäten im Beratungsprozess zu begünstigen. Entsprechende Möglichkeiten können direkt in einer Software gebündelt werden oder zusätzlich in Kombination mit anderer Software zum Einsatz kommen. Geißler (2018, 24) nennt in diesem Zusammenhang verschiedene Funktionen, die in Coaching-Plattformen implementiert werden:

- textbasiertes Selbst-Coaching,
- Vorlagen für schriftliche Protokollierungen,
- obligatorische und fakultative Fragen,
- 2D-Visualisierungen, statische und dynamische 3D-Visualisierungen, Beschriftung von 2D/3D-Visualisierungen,
- Inhalte (Texte mit Bildern, Fotos und/oder Videos),
- psychometrische Tests mit Feedback und Handlungstipps.

Obwohl Geißler (2018) sich in seinem Artikel auf das Angebot an Coaching-Plattformen fokussiert, werden entsprechende Tools und Plattformen auch in der psychosozialen Beratung eingesetzt oder auf diese übertragen. Entsprechende Software kann vielfältig eingesetzt werden, sei es in rein digitalen Settings, sei es im Blended Counseling oder auch in der Face-to-Face-Beratung vor Ort.

Im Beratungsprozess können die o. g. Möglichkeiten verschiedene Funktionen bei Problemlöseaktivitäten übernehmen. Beratungsorganisationen bzw. Berater*innen können Informationen und Ressourcen im Internet bereitstellen oder direkt in den Beratungsprozess einbeziehen. Eine spezifische Möglichkeit sind Selbsttests, die z. B. im Kontext von Suchtmittelmissbrauch durch Beratungsorganisationen zur Verfügung gestellt werden. Diese arbeiten typischerweise mit einer kurzen Serie von Fragen über ein bestimmtes Verhalten und präsentieren auf dieser Basis eine Risikoeinschätzung für eine mögliche Suchtproblematik (Cunningham et al. 2011).

> **Praxisbeispiel**
>
> Das Online-Portal SafeZone.ch bietet neben Informationen und seinem Beratungsangebot verschiedene Selbsttests z. B. zu Alkohol oder Cannabis in Form eines Chatbots an.

Diagnostische Analysen finden auch statt, wenn Berater*innen schriftbasiert oder audio-visuell mit Klient*innen kommunizieren bzw. deren Aussagen entsprechend deuten. Darüber hinaus können spezifische Instrumente (z. B. Online-Fragebogen) eingesetzt werden, um diesen Prozess zu unterstützen oder zu ermöglichen. Dies kann nicht nur zu Beginn eines Beratungsprozesses geschehen, sondern auch laufend im Prozess. Ein Vorteil hierbei besteht darin, dass Online-Instrumente automatisiert und schnell ausgewertet werden können (Berger 2015).

Digitale Hilfsmittel können auf unterschiedliche Art und Weise genutzt werden, um Interventionen zu unterstützen bzw. zu ermöglichen. Diese können Klient*innen dabei helfen, sich (kreativ) auszudrücken sowie Anliegen und Problemlagen zu visualisieren (Haley et al. 2013). Andere Tools und Plattformen sind so konzipiert, dass sie bestimmte Beratungsmethoden unterstützen können (Risau & Riesenbeck 2011). Im Bereich systemischer Methoden haben sich unterschiedliche Plattformen ausdifferenziert. Zahlreiche Software wie z. B. Whiteboard oder digitale Pinnwände unterstützen generell die Interaktion zwischen Berater*in und

Klient*in und helfen bei der Visualisierung der besprochenen Sachverhalte. Editoren zum Erstellen digitaler Inhalte erlauben es Berater*innen, selbst (interaktive) Multimedia-Materialien zu erstellen (Beispiele gibt z. B. Lindauer 2003). In den letzten Jahren wurden zahlreiche Selbsthilfeprogramme entwickelt und erforscht, die nicht angeleitet oder angeleitet erprobt wurden. Diese Programme enthalten edukative Inhalte und (therapeutische) Übungen. Sie sind i. d. R. in unterschiedliche Module oder Sitzungen aufgeteilt, was die Bearbeitung durch die Klient*innen erleichtert. Die meisten dieser Programme stehen nutzerfreundlich für verschiedene Endgeräte bereit. Die Begleitung (falls enthalten) dient insbesondere der Motivation und kann mehr oder weniger intensiv ausgestaltet sein. Zu solchen Selbsthilfeprogrammen können auch Serious Games gezählt werden, die sich der Beliebtheit von Spielmechanismen bedienen, sowie auch Interventionen in der virtuellen Realität (Berger et al. 2020).

5.5 Verwaltungsunterstützung

In der Literatur zur Beratung werden technische Möglichkeiten zur Unterstützung der Verwaltung nur am Rande thematisiert, jedoch zum Teil als Anforderungen an Beratungssoftware genannt. Geissler (2018, 23) führt mögliche Funktionen für Coaching-Plattformen aus, die auch im Beratungskontext von Bedeutung sein können.

- Offerierung: Präsentation und Buchungsmöglichkeiten von Berater*innen,
- Terminierung: kalendarischer Überblick über die Zeiten, in denen bestimmte Berater*innen verfügbar sind, und die Möglichkeit, eine entsprechende Sitzung zu buchen,
- Abrechnung: automatische Rechnungsstellung verbindlich gebuchter oder durchgeführter Sitzungen, Überprüfung der Zahlungseingänge und ggf. Zahlungserinnerung bzw. Mahnung,

- Korrespondenz: Postfach, in dem alle Nachrichten zwischen Berater*innen und Klient*innen systematisch abgelegt sind (sowohl Berater*innen als auch Klient*innen haben Zugriff),
- Notizen: Möglichkeit, persönliche Notizen oder Einträge zu verfassen (sowohl Berater*innen als auch Klient*innen sehen jeweils nur ihre eigenen Notizen).

Darüber hinaus können die o. g. Anforderungen an Beratungssoftware genannt werden, die die Verwaltung von Beratungen betreffen und hier noch nicht genannt wurden: Klient*innenverwaltung, Auswertungs- und Statistiktools, Kompatibilität und Schnittstellen zu anderer Software (▶ Kap. 5.2.4).

5.6 Aktuelle technische Entwicklungen im Kontext Beratung

Einige Entwicklungen wurden bereits in obigen Ausführungen thematisiert. An dieser Stelle sollen diese nochmals zusammengetragen und ergänzt werden. Die Unterstützung von Problemlöseprozessen in der Beratung wurde bislang im Vergleich zu den unterschiedlichen kommunikativen Settings eher nachgelagert behandelt. Im Bereich der psychotherapeutischen Interventionen sind in den letzten Jahren einige *Selbsthilfeprogramme* mit einigem Erfolg entwickelt und erforscht worden (Berger 2015, Berger et al. 2020), so dass der Einsatz von Apps und automatisierten Systemen auch im Beratungskontext zunehmend diskutiert wird. Zu solchen automatisierten Systemen können auch *Chatbots* und *Dialogsysteme* gezählt werden, die für die Beratung adaptiert und erprobt werden. In diesem Kontext werden voraussichtlich *Sprachinterfaces* eine zunehmende Bedeutung erfahren, so dass Beratungssoftware in der Lage sein muss, Sprache zu verarbeiten, per Spracheingabe Texte zu erzeugen oder sprachliche Aufzeichnungen sicher zu übertragen (Engelhardt 2021).

Der Einsatz von *Virtual-Reality-Umgebungen* und *3D-Welten* findet bereits Anwendung z. B. in Form von Avatar-basierter Beratung (Bredl, Bräutigam & Herz 2017). Die Bedeutung von Virtual-Reality-Technologien dürfte mit weitergehender Verbesserung der Technologie zunehmen. *Augmented Reality*, das Einbinden virtueller Objekte in der realen Umgebung, wurde bspw. zur Behandlung von Spinnen-Phobien erprobt. Bei weiterer Verbreitung und Anwendung dieser Technologie ist es denkbar, dass sich mehr Anwendungsbereiche in Beratung und Therapie herauskristallisieren (Berger et al. 2020). Erst begrenzt erforscht wird die Nutzung von *Sensordaten* bspw. aus der Nutzung von Mobiltelefonen, die Beratung und Therapie unterstützen könnten (Berger et al. 2020).

Reflexionsfragen

- Inwiefern hat die gewählte Software einen Einfluss auf die Beratung?
- Welchen Anforderungen muss eine Software im Beratungskontext genügen?
- Wie kann Software die Beratung konkret unterstützen?
- Welche technischen Entwicklungen zeichnen sich im Kontext der Beratung ab?

Weiterführende Literatur

Risau, Petra (2019): Technische Anforderungen und Rahmenbedingungen in der Online-Beratung. In: Supervision 37 (1), 10–16.
Geißler, Harald (2018): E-Coaching – State of the art 2016. In: Heller, Jutta, Triebel, Claas, Hauser, Bernhard & Koch, Axel (Hrsg.): Digitale Medien im Coaching: Grundlagen und Praxiswissen zu Coaching-Plattformen und digitalen Coaching-Formaten (S. 15–31). Berlin, Heidelberg: Springer.
Berger, Thomas, Bur, Oliver & Krieger, Tobias (2020): Internet-Interventionen in der Psychotherapie. In: Fortschritte der Neurologie Psychiatrie 88 (10), 677–689.

6 Ausblick: Zukunftsentwicklungen in der Beratung

Onlineberatung, die im deutschsprachigen Raum Mitte der 1990er Jahre entstanden ist, hat sich als medial vermittelte Beratung zunächst nur sehr langsam weiterentwickelt. Rund ein Vierteljahrhundert haben sich v. a. schriftliche Beratungsformate in Form von Mail-, Chat- und Forenberatung im psychosozialen Feld etabliert. Es ist ein verbreitetes Phänomen, dass Technikentwicklungen in sozialen Organisationen nicht kontinuierlich verlaufen, sondern eher in Sprüngen. Anders als in der gewinnorientierten gewerblichen Wirtschaft ist es bei Organisationen im Sozialbereich weniger üblich, kontinuierlich Gelder zu investieren, um mit den Marktentwicklungen Schritt zu halten. Zu technikbasierten Entwicklungen in sozialen Einrichtungen kommt es häufig durch das Engagement einzelner Mitarbeiter*innen (Bottom up) und es brauchte oft lange Zeit, bis diese seitens der Leitung (Top down) verstärkt oder gar implementiert werden (Wenzel 2013). Seitens potenzieller Beratungskund*innen hängen die Zugangsmöglichkeiten von den jeweils gesellschaftlich weit verbreiteten Kommunikationsmedien ab. Anbieterseits stellen die technische Ausstattung und die Kompetenzen der Berater*innen, aber auch rechtliche Vorgaben wie Finanzierungsvorschriften oder Datenschutz ermöglichende wie begrenzende Faktoren der Angebotsentwicklung dar.

Technikentwicklungen und ethische Fragen

Wie schnell die weitergehenden digitalen Entwicklungen in Angebote digitaler Beratung integriert werden, ist schwer vorauszusagen. Dabei gibt es unzählige Kommunikationsmöglichkeiten, die bislang höchstens am Rande für Beratung genutzt werden. Wie in Kapitel 5 gezeigt, gibt es bereits Beratungsangebote, in denen animierte (3D-)Bilder zur visuellen Kommunikation eingesetzt werden wie etwa mit Avataren (Bredl, Bräutigam & Herz 2017), aber auch in Form von virtuellen Systembrettern (▶ Kap. 5). Insbesondere die Entwicklungen durch Künstliche Intelligenz (KI) sind dabei in ihren technischen Möglichkeiten für die Beratung schwer absehbar. So ist es heute schon möglich, scheinbar mit Verstorbenen zu kommunizieren, wenn ihr Aussehen, ihre Stimme und ihre Bewegungen aufgenommen wurden und diese virtuell simuliert werden. Aber auch die Kommunizierenden selbst können sich so virtuell selbst gestalten und eigene körperliche Begrenzungen in der Kommunikation überwinden. In diesen Möglichkeiten liegen Chancen wie Gefahren. Einem Missbrauch, etwa in Form von Deepfakes, ist hier Tür und Tor geöffnet, wenn nicht sichergestellt wird, wer das Gegenüber tatsächlich ist und glaubhaft vorgibt, jemand anderes zu sein. Neue Formen der Bedrohung der Integrität vertraulicher Beratungskommunikation sind damit möglich. Dabei ist es künftig bedeutsam, weitergehende ethische Abwägungen zu treffen. In der Vergangenheit war v. a. der Schutz der Vertraulichkeit der internetvermittelten Kommunikation im Fokus. Dieses Gut einer freien Gesellschaft wird durch Datenschutz, strafrechtliche Schweigepflicht und nicht zuletzt berufsethische Regelungen gewährleistet. In Zukunft wird aber auch die Frage zunehmend an Bedeutung gewinnen, welche Rolle Algorithmen und v. a. selbstlernende KI (Deep Learning) im Beratungsgeschehen spielen sollen. Dabei macht es einen großen Unterschied, an welchen Stellen im Beratungsprozess KI eingesetzt wird, ob sie etwa nur beim Zustandekommen der Beratungssitzung mitwirkt oder ob die Computertechnik Menschen als Berater*innen vollkommen ersetzen soll. Die vielfältigen Entwicklungen sind bisher kaum im Blick der Beratungsprofession und werden sicherlich noch zu großen Kontroversen führen, v. a. wenn kostensparende Finanzierungsmodelle von Kostenträgern ins Feld geführt werden. Umso bedeutsamer wird es sein, vertretbare Einsatzmöglichkeiten von KI in Bezug auf konkrete Beratungsfelder wie etwa die Migrationsberatung differenziert auszuleuchten (Lehmann et al. 2022).

6 Ausblick: Zukunftsentwicklungen in der Beratung

Modernisierung der Rahmenbedingungen

Die strukturellen Gegebenheiten des psychosozialen Beratungssystems entstammen weitgehend noch den Rahmenbedingungen des vergangenen Jahrhunderts. Aktuell wird Beratung etwa in Deutschland im Großen und Ganzen noch so abgerechnet, als gäbe es die Entwicklungen eines digitalen Zeitalters nicht: I. d. R. gilt das Face-to-Face-Setting als Normalfall, während andere Formen der Beratung oft nicht abrechenbar sind. V. a. fehlt es aber nach wie vor an der (verbands-)politischen Unterstützung kleinerer Beratungseinrichtungen zu Fragen der Digitalisierung. Sie benötigen mehr denn je Beratung hinsichtlich der Entwicklung digitaler Infrastruktur. So wurde in der Corona-Pandemie deutlich, dass bei einem Lockdown zahlreiche Klient*innen zwar erreicht werden konnten, jedoch nicht datenschutzkonform, und es gibt noch keinen übergreifenden Ansatz datenschutzverträgliche Messenger nach geltendem Recht für wichtige Zielgruppen bereitzustellen. Diese technische und rechtliche Herausforderung ist in der Krise vielen Entscheidungsträger*innen deutlich geworden und es gilt künftig aus diesen Problemen zu lernen und für Fachkräfte und Hilfesuchende praktikable Lösungen zu entwickeln.

Beschleunigte Entwicklungen bei Videoberatung und Blended Counseling

Erst die Corona-Pandemie hat die Entwicklung der audiovisuellen Videoberatung vorangetrieben und das Telefon als beraterische Kontaktbrücke reaktiviert, so dass die Dominanz von schriftlichen Onlineberatungsformaten womöglich dauerhaft verabschiedet wurde. Ob das Telefonieren künftig über die Vereinbarung von Face-to-Face-Sitzungen hinaus bedeutsam bleiben wird, muss sich noch herausstellen. Jedenfalls sind die menschlichen Sinne Sehen und Hören in der digitalen Beratung kaum noch wegzudenken. So dürfte sich auch die audiovisuelle Videoberatung dauerhaft etablieren, da die beiden genannten Sinne sehr bedeutsam für menschliche Kommunikation sind.

Die konzeptionelle Verknüpfung zwischen technisch-vermittelter und Face-to-Face-Beratung im Sinne von Blended Counseling ist ebenfalls kaum noch aufzuhalten und wird immer häufiger zum Standard. Die Weiterentwicklung der digitalen Technik mit ihren konzeptionellen Verknüpfungen ermöglicht schließlich immer einfacher, dass Beratungen ›blended‹, also mittels miteinander verbundener Beratungssettings stattfinden können.

Erreichbarkeit potenzieller Klient*innen weiter verbessern

Im Feld der Beratung wurde in der Vergangenheit bisweilen konstatiert, es wäre wichtig, den Medien oder der aktuellen digitalen Zeit gerecht zu werden. Das bringt hilfesuchende Menschen aber nicht weiter. Vielmehr gilt es in Zukunft noch gezielter aus fachlicher Perspektive zu gestalten und fachlich auszuloten, welches Angebot für welche Zielgruppen sinnvoll konzipiert werden kann und welche technische Lösung dies in geeigneter Form unterstützt. Eine Herausforderung wird es auch in Zukunft bleiben, potenzielle Ratsuchende zu erreichen (Rosenkranz 2022). Dazu gehört es die Nutzer*innenführung auf den jeweiligen Angebotsseiten zielgruppenspezifisch anzupassen. Die Möglichkeiten und Risiken einer nicht gezielt gesteuerten Nutzer*innenführung bei digitalen Angeboten werden bislang noch unterschätzt. Nicht selten finden Ratsuchende auf Webseiten von Beratungsanbietern schließlich nicht das, was sie suchen. D. h., sie finden etwa auf den Beratungsseiten keinen nachvollziehbaren Weg an den Punkt zu gelangen, von dem aus sie in den Kontakt mit den Beratenden kommen und sich beraten lassen können. Die Angebote werden teilweise nach wie vor noch an den Ideen der Anbieter und Strukturen der Organisation ausgerichtet, wichtig wäre jedoch, dass sie von potenziellen Klient*innen getestet würden. Es gilt also aus Nutzer*innensicht zu betrachten, wie eine gute Nutzer*innenführung möglich ist. So wäre zu gewährleisten, dass Menschen, die ein Angebot nicht kennen, es trotzdem einfach finden. Dabei gibt es auf Anbieterseite große Ungleichzeitigkeiten und Unterschiede, denn trotz der angeführten Probleme hat sich in den vergangenen 25 Jahren auch vieles entwickelt: Beratungsangebote werden nicht nur in Bezug auf Beratungsinstitutionen, Zielgruppen, Problemfelder und Themen vielfältiger, sie werden immer häufiger auch professioneller in Bezug auf die optische Darstellung und die Nutzer*innenführung.

Da sich die Menschen immer häufiger in digitalen Lebenswelten bewegen, treten dort verständlicherweise auch vermehrt Probleme auf. So verändert sich etwa der Schutzbedarf von Kindern und Jugendlichen derzeit radikal, da durch die Internetvernetzung neue Gefahren entstanden sind, die Eltern und Erziehende nicht selten überfordern. Daraus resultiert wiederum erhöhter Beratungsbedarf. Kinder- und Jugendschutz in digitalen Lebenswelten steht dabei vor neuen Herausforderungen (Wenzel & Jaschke 2023). Potenzielle Klient*innen suchen bei Themen und Problemen, die im digitalen Raum entstehen, vielfach in denselben Lebenswelten Hilfe, in denen die neuen Risiken auch entstehen. Digitale Beratung ermöglicht dabei die jeweiligen Zielgruppen wie etwa Eltern, Erziehende, Jugendliche und Kinder niedrigschwellig zu erreichen und präventiv, aber auch im Rahmen von Krisenintervention bei den Bewältigungsaufgaben zu unterstützen.

Weiterentwicklung der Fachlichkeit

Fachlichkeit, die am Puls der Zeit bleibt, bedarf v. a. der Kompetenzentwicklung der beteiligten Mitarbeitenden. Unter dem Stichwort »Digitalisierung« gibt es bereits sinnvolle Ansätze, diesbezüglich zielgerichtet Personalentwicklung zu betreiben. Allerdings genügt es nicht, einfach Kompetenzprofile aus anderen Feldern zu übertragen. Vielmehr gilt es zunächst die Bedarfe zu eruieren und für das Feld der Beratung geeignete Profile zu entwickeln, wie das aktuell mit einem Kompetenzprofil für Blended Counseling aufgezeigt wird (Camenzind, Hörmann & Silfverberg 2023). Die Beratenden benötigen dabei andere Kompetenzen als Koordinator*innen oder Projektmitarbeitende, wobei letztere neue zeitgemäße Angebote aus fachlicher Perspektive entwickeln und implementieren sollen. Dazu braucht es Schnittstellenkompetenz zwischen den verschiedenen beteiligten Berufsgruppen sowie Organisations- und Kommunikationskompetenzen, die übergreifendendes Fachwissen erfordern etwa in den Bereichen Beratungsfachlichkeit, technische Prozessentwicklung, Organisation und Recht.

Die aktuelle und realistische Vision kann nun sein, Menschen mit ihren Hilfebedarfen noch frühzeitiger und niedrigschwelliger zu erreichen als das jemals möglich war, um sie für ihren jeweiligen Bedarf passend beraten zu können. Um das fundiert realisieren zu können, braucht es weitergehende Praxisforschung, auch um sicherzustellen, dass tatsächlich wirksame Interventionen entwickelt werden, bei denen die potenzielle Klientel im Blick ist und nicht vorwiegend die Bedarfe der Anbieterorganisationen.

Chancen nutzen

Die digitalen Entwicklungen bieten einzigartige Chancen, Menschen differenziert zu erreichen. Nur durch die Vielfalt von unterschiedlichen Angeboten ist es möglich, Niedrigschwelligkeit zu gewährleisten, da sich Menschen sehr darin unterscheiden, welche Art der Beratung sie benötigen (vor Ort, schriftlich, audiovisuell, blended), um tatsächlich Hilfe zu erfahren. Dabei können vernetzte vielfältige Angebote, Blended-Counseling-Konzepte und differenzierte Zugänge Versorgungslücken schließen. Das gilt u. a. auch für Menschen mit Beeinträchtigungen oder abgelegen wohnende Personen, die auf diesem Weg erreicht werden können.

Die digitalen Entwicklungen bieten dabei Gefahren und Chancen, wobei es das eine zu identifizieren gilt, um Abhilfe zu schaffen, und das andere kreativ genutzt und entwickelt werden sollte, um Menschen neue Möglichkeiten der Unterstützung zu bieten.

Literatur

Bachmann, Alwin & Steinle, Salome (2014): SafeZone – Das Schweizer Onlineportal zu Suchtfragen. In: Suchtmagazin 40 (3), 28–32.

Batinic, Bernad & Appel, Markus (Hrsg.) (2008): Medienpsychologie. Heidelberg: Springer.

Beauchamp, Tom Lamar & Childress, James Franklin (2013): Principles of Biomedical Ethics (8. Aufl.), New York: Oxford University Press.

Beck, Klaus & Jünger, Jakob (2019): Soziologie der Online-Kommunikation. In: Schweiger, Wolfgang & Beck, Klaus (Hrsg.): Handbuch Online-Kommunikation (2. Aufl., S. 7–33). Wiesbaden: VS.

Beißwenger, Michael (Hrsg.) (2001): Chat-Kommunikation: Sprache, Interaktion, Sozialität & Identität in synchroner computervermittelter Kommunikation. Perspektiven auf ein interdisziplinäres Forschungsfeld. Stuttgart: ibidem.

Berger, Thomas (2015): Internetbasierte Interventionen bei psychischen Störungen. Göttingen, Bern: Hogrefe.

Berger, Thomas, Bur, Oliver & Krieger, Tobias (2020): Internet-Interventionen in der Psychotherapie. In: Fortschritte der Neurologie Psychiatrie 88 (10), 677–689.

Beisch, Natalie & Koch, Wolfgang (2022): ARD/ZDF-Onlinestudie: Vier von fünf Personen in Deutschland nutzen täglich das Internet. In: Media Perspektiven (10). S. 460–470.

Bieker, Rudolf (2016): Verwaltungswissen für die Soziale Arbeit. Stuttgart: Kohlhammer.

Bredl, Klaus, Bräutigam, Barbara & Herz, Daniel (2017): Avatar-basierte Beratung in virtuellen Räumen. Die Bedeutung virtueller Realität bei helfenden Beziehungen für Berater, Coaches und Therapeuten. Wiesbaden: Springer.

Broadbent, Jaclyn & Lodge, Jason (2021): Use of Live Chat in Higher Education to Support Self-Regulated Help Seeking Behaviours: A Comparison of Online and Blended Learner Perspectives. In: International Journal of Education Technology in Higher Education 18 (17). Unter: https://doi.org/10.1186/s41239-021-00253-2, Zugriff am 06.09.2022.

Bruni, Zsofia (2021): Raum-Gestaltung als Intervention im Coaching im Live-Online Setting per Video Konferenz. MAS Thesis, Hochschule für Soziale Arbeit

FHNW. Olten. Unter: https://irf.fhnw.ch/handle/11654/33155, Zugriff am 28.08. 2022.

Brunner, Alexander (2009): Theoretische Grundlagen der Online-Beratung. In: Kühne, Stefan & Hintenberger, Gerhard (Hrsg): Handbuch Online-Beratung (2. Aufl., S. 27–45). Göttingen: Vandenhoeck & Ruprecht.

Brunner, Alexander, Engelhardt, Emily & Heider, Triz (2009): Foren-Beratung. In: Kühne, Stefan & Hintenberger, Gerhard (Hrsg): Handbuch Online-Beratung (2. Aufl., S. 79–90). Göttingen: Vandenhoeck & Ruprecht.

BAG – Bundesamt für Gesundheit (2018): Anwendung von Wirkfaktoren in der Emailberatung von SafeZone.ch. Schlussbericht vom 22.01.2018. Unter: https://www.bag.admin.ch/dam/bag/en/dokumente/npp/sucht/suchtberatung-therapie/safezone/schlussbericht-anwendung-wirkfaktoren.pdf.download.pdf/180122_Schlussbericht_Wirkprinzipien_e-Beratung_v5_final.pdf, Zugriff am 19.07.2022.

Camenzind, Gina & Hörmann, Martina (2021): Systemisch, flexibel und nahe an der Lebenswelt – Blended Counseling. In: ausgesucht.bs – Suchthilfe smart: gestern analog, morgen digital. Magazin des Gesundheitsdepartements Basel Stadt 2021 (1), 10–14. Unter: https://www.bs.ch/publikationen/sucht/ausgesucht.bs-suchthilfe-smart-gestern-analog-morgen-digital.html, Zugriff am 26.07.2022.

Camenzind, Gina, Hörmann, Martina & Silfverberg, Minnie (2023): Medienkompetenz Blended Counseling. Tübingen: DGVT.

Camenzind, Gina, Hörmann, Martina & Tschopp, Dominik (2021): Medienkompetenz als Basisvariable für Blended Counseling. Ein Forschungs- und Entwicklungsprojekt in der Mütter- und Väterberatung. Schlussbericht. Hochschule für Soziale Arbeit FHNW. Unter: https://irf.fhnw.ch/handle/11654/32730, Zugriff am 26.07.2022.

Christensen, Clayton M., Horn, Michael B. & Stake, Heather (2013): Is K–12 Blended Learning Disruptive? An Introduction to the Theory of Hybrids. Unter: https://www.christenseninstitute.org/wp-content/uploads/2014/06/Is-K-12-blended-learning-disruptive.pdf, Zugriff am 28.08.2022.

Cunningham, John, Kypri, Kypros & McCambridge, Jim (2011): The Use of Emerging Technologies in Alcohol Treatment. In: Alcohol Research & Health 33 (4), 320–326.

DCV – Deutscher Caritasverband (2019): Sozial braucht digital – für gleichwertige Lebensverhältnisse in der digitalen Gesellschaft. Impulspapier der Kommission Sozialpolitik und Gesellschaft der Delegiertenversammlung des Deutschen Caritasverbandes. Unter: http://dcv.test.carinet.de/cms/contents/caritas.de/medien/dokumente/stellungnahmen/sozial-braucht-digit/kommission_sozpol_glv-digitalisierung.pdf?d=a&f=pdf, Zugriff am 08.07.2022.

DGSF (2020): Ethik-Richtlinien der Deutschen Gesellschaft für Systemische Therapie, Beratung und Familientherapie. Unter: https://www.dgsf.org/service/download-bereich/dgsf-rili-ethik.END.pdf/at_download/file, Zugriff am 28.08.2022.

Dolev-Amit, Tohar, Leibovich, Liat & Zilcha-Mano, Sigal (2020): Repairing Alliance Ruptures Using Supportive Techniques in Telepsychotherapy during the COVID-19 Pandemic, Counselling Psychology Quarterly. Unter: https://doi.org/10.1080/09515070.2020.1777089, Zugriff am 28.08.2022.

Eichenberg, Christiane & Kühne, Stefan (2014): Einführung Onlineberatung und -therapie. Grundlagen, Interventionen und Effekte der Internetnutzung. München: UTB.

Egli, Nicole (2015): Herausforderungen von Peer-Beratenden in der Online-Suizidprävention – Ergebnisse einer qualitativen Forschungsarbeit über die Beratungstätigkeit bei [U25]. In: e-beratungsjournal.net 11 (1), 24–25. Unter: https://www.e-beratungsjournal.net/ausgabe_0115/egli.pdf, Zugriff am 26.07.2022.

Engel, Frank (2019): Beratung unter Onlinebedingungen. In: Rietmann Stephan, Sawatzki, Maik & Berg, Mathias (Hrsg.): Beratung und Digitalisierung. Zwischen Euphorie und Skepsis (S. 3–39). Wiesbaden: VS.

Engelhardt, Emily M. (2013): Qualitätsmerkmale guter Onlineberatung – Aktuelle Anforderungen an Forschung und Praxis. In: Zeitschrift für systemische Therapie und Beratung 3 (31), 111–115.

Engelhardt, Emily M. (2021): Lehrbuch Onlineberatung (2., erw. Aufl.). Göttingen: Vandenhoeck & Ruprecht.

Engelhardt, Emily M. & Engels, Sylvia (2021): Einführung in die Methoden der Videoberatung. In: e-beratungsjournal.net 1 (17), 9–27. Unter: https://www.e-beratungsjournal.net/wp-content/uploads/2021/06/engelhardt_engels.pdf, Zugriff am 26.07.2022.

Engelhardt, Emily M. & Gerner, Verena (2017): Einführung in die Onlineberatung per Video. In: e-beratungsjournal.net 13 (1), 18–29. Unter: https://www.e-beratungsjournal.net/ausgabe_0117/Engelhardt_Gerner.pdf, Zugriff am 26.07.2022.

Engelhardt, Emily M. & Piekorz, Katharina (2022): Einführung in die Onlineberatung per Messenger. In: e-beratungsjournal.net 18 (1), 18–33. Unter: https://www.e-beratungsjournal.net/wp-content/uploads/2022/02/engelhardt_piekorz.pdf, Zugriff am 26.07.2022.

Engelhardt, Emily & Reindl, Richard (2016): Blended Counseling – Beratungsform der Zukunft? In: Resonanzen E-Journal für biopsychosoziale Dialoge in Psychotherapie, Supervision und Beratung 4 (2), 130–144.

Engelhardt, Emily & Storch, Stefanie (2013): Was ist Onlineberatung? – Versuch einer systematischen begrifflichen Einordnung der ›Beratung im Internet‹. In: e-beratungsjournal.net 9 (2), Art. 5. Unter: https://e-beratungsjournal.net/ausgabe_0213/engelhardt_storch.pdf, Zugriff am 28.08.2022.

Fink, Annette & Tritschler, Claudia (Hrsg.) (2014): Prüfungsfragen Psychotherapie. Fragensammlung mit kommentierten Antworten. Berlin, Heidelberg: Springer.

Flammer, Patricia & Hörmann, Martina (2018): Flexibel und passgenau beraten – Blended Counseling. In: ZESO Zeitschrift für Sozialhilfe 115 (3), 16–18.

Freie Wohlfahrtspflege NRW (2022): Leitfaden zum Blended Counseling für die Schuldner- und Insolvenzberatung. Unter: https://www.freiewohlfahrtspflegenrw.de/fileadmin/user_data/2022/Positionen/2022-02-21_Leitfaden_Blended_Counseling_fuer_die_Schuldner-_und_Insolvenzberatung.pdf, Zugriff am 14.07.2022.

Geißler, Harald (2014): Traditionelle und moderne Medien im Coaching. In: Wegener, Robert, Loebbert, Michael & Fritze, Agnès (Hrsg.): Coaching-Praxisfelder (S. 135–158). Wiesbaden: Springer.

Geißler, Harald (2018): E-Coaching – State of the art 2016. In: Heller, Jutta, Triebel, Claas, Hauser, Bernhard & Koch, Axel (Hrsg.): Digitale Medien im Coaching: Grundlagen und Praxiswissen zu Coaching-Plattformen und digitalen Coaching-Formaten (S. 15–31). Berlin, Heidelberg: Springer.

Geller, Shari (2020): Cultivating Online Therapeutic Presence: Strengthening Therapeutic Relationships in Teletherapy Sessions, Counselling Psychology Quarterly. Unter: https://doi.org/10.1080/09515070.2020.1787348, Zugriff am 28.08.2022.

Grondin, Frédéric, Lomanowska, Anna, Békés Vera & Jackson, Philip (2020): A Methodology to Improve Eye Contact in Telepsychotherapy via Videoconferencing with Considerations for Psychological Distance. In: Counselling Psychology Quarterly. Unter: https://doi.org/10.1080/09515070.2020.1781596, Zugriff am 28.08.2022.

Großmaß, Ruth (2007): Beratungsräume und Beratungssettings. In: Nestmann, Frank, Engel, Frank & Sickendiek, Ursel (Hrsg.): Das Handbuch der Beratung. Bd. 1 (S. 487–496). Tübingen: DGVT.

Haley, Melinda, Bourgois, Anne Laure & Gelgand, Jessica (2013): Technology and Counseling: In: Capuzzi, David & Gross, Douglas (Hrsg.): Introduction to the Counseling Profession (6. Aufl., S. 176–202). New York: Routledge.

Hecht, Maike (2010): (Online-)Beratung soziotechnisch betrachtet. In: e-beratungsjournal.net 6 (2), Art. 2. Unter: https://www.e-beratungsjournal.net/ausgabe_0210/hecht.pdf, Zugriff am 26.07.2022.

Hecht, Maike (2012): Interaktionen mit dem »schlauen Spiegel«: Zur nutzerorientierten Konzeption und Gestaltung von Onlineberatungsschnittstellen. Universität Bremen. Unter: http://nbn-resolving.de/urn:nbn:de:gbv:46-00102918-10, Zugriff am 08.07.2022.

Hintenberger, Gerhard (2006): *taschentuchreich* – Überlegungen zur Methodik der Chatberatung. In: e-beratungsjournal.net 2 (2), Artikel 2. Unter: https://www.e-beratungsjournal.net/ausgabe_0206/hintenberger.pdf, Zugriff am 08.07.2022.

Hintenberger Gerhard (2009): Der Chat als neues Beratungsmedium. In: Kühne, Stefan & Hintenberger, Gerhard (Hrsg): Handbuch Online-Beratung (2. Aufl., S. 69–78). Göttingen: Vandenhoeck & Ruprecht.

Hintenberger, Gerhard & Kühne, Stefan (Hrsg.) (2006): Qualitätsmanagement in der Online-Beratung (Schwerpunktausgabe). e-beratungsjournal.net 2 (1). Unter: https://www.e-beratungsjournal.net/?page_id=138, Zugriff am 02.09.2022.

Hollstein-Brinkmann, Heino & Knab, Maria (Hrsg.) (2016): Beratung zwischen Tür und Angel. Professionalisierung von Beratung in offenen Settings. Wiesbaden: Springer.

Hörmann, Martina (2018): Blended Counseling. Mediennutzung und Potenzialeinschätzung in Handlungsfeldern der Sozialen Arbeit. In: Soziale Arbeit (6), 202–209.

Hörmann, Martina (2020a): Systemisch beraten in digitalen Welten – Perspektiven und Herausforderungen. In: Zeitschrift für systemische Therapie und Beratung (4), 143–149.

Hörmann, Martina (2020b): Digital unterwegs im Möglichkeitsraum. In: Vogt, Manfred (Hrsg.): Einfach kurz und gut 2.0. Lösungsfokussierte Kurzzeittherapie in Theorie und Praxis (S. 119–127). Dortmund: Verlag Modernes Lernen.

Hörmann, Martina, Aeberhardt, Dania, Flammer, Patricia, Tanner, Alexandra, Tschopp, Dominik & Wenzel, Joachim (2019): Face-to-Face und mehr – neue Modelle für Mediennutzung in der Beratung. Schlussbericht zum Projekt. FHNW. Unter: http://dx.doi.org/10.26041/fhnw-1648, Zugriff am 26.07.2022.

Hörmann, Martina & Engelhardt, Emily M. (2022): Blended Counseling – Grundlagen, Aktuelles und Diskurslinien. In: Zeitschrift für systemische Therapie und Beratung (2), 72–77.

Hörmann, Martina, Kirchhofer, Roger & Camenzind, Gina (2020): Blended Supervision in der Beratungsweiterbildung. Forschungsbericht. Olten: FHNW. Unter: https://irf.fhnw.ch/handle/11654/31768, Zugriff am 04.09.2022.

Jäschke, Thomas & Rüter, Fabian Wilhelm (2018): Datenschutz vs. Datensicherheit. In: Jäschke, Thomas (Hrsg.): Datenschutz und Informationssicherheit im Gesundheitswesen. Grundlagen, Konzepte, Umsetzung (2., akt. u. erw. Aufl., S. 55–58). Berlin: Medizinisch Wissenschaftliche Verlagsgesellschaft.

Justen-Horsten, Agnes & Paschen, Helmut (2016): Online-Interventionen in Therapie und Beratung. Ein Praxisleitfaden. Weinheim, Basel: Beltz.

Klein, Alexandra (2007): Soziales Kapital Online. Soziale Unterstützung im Internet. Eine Rekonstruktion virtualisierter Formen sozialer Ungleichheit. Dissertation an der Universität Bielefeld. Unter: https://pub.uni-bielefeld.de/record/2301811, Zugriff am 05.08.2022.

Knatz, Birgit (2005): Rat und Hilfe aus dem Internet – Die Beratung per Mail: Standards und Herausforderungen. In: e-beratungsjournal.net 1 (1), Art. 2. Unter: https://www.e-beratungsjournal.net/ausgabe_0105/knatz.pdf, Zugriff am 26.07.2022.

Knatz, Birgit (2006): Qualitätsstandards für die Online-Beratung. In: e-beratungsjournal.net 2 (1), Art. 5. Unter: http://www.e-beratungsjournal.net/ausgabe_01 06/knatz.pdf, Zugriff am 26.07.2022.

Knatz, Birgit (2009): Das Vier-Folien-Konzept. In: Kühne, Stefan & Hintenberger, Gerhard (Hrsg.): Handbuch Online-Beratung (2. Aufl., S. 105–115). Göttingen: Vandenhoeck & Ruprecht.

Knatz, Birgit & Dodier, Bernard (2021): Mailen, chatten, zoomen: Digitale Beratungsformen in der Praxis. Stuttgart: Klett-Cotta.

Korsten, Werner (2006): TelefonSeelsorge und Telefontechnik. In: Weber, Traugott (Hrsg.): Handbuch Telefonseelsorge (2., überarb. u. erw. Aufl., S. 155–161). Göttingen: Vandenhoeck & Ruprecht.

Kreidenweis, Helmut (2018a): Sozialwirtschaft im digitalen Wandel. In: Kreidenweis, Helmut (Hrsg.): Digitaler Wandel in der Sozialwirtschaft (S. 11–26). Baden-Baden: Nomos.

Kreidenweis, Helmut (2018b): Offen für alles? Neue Anforderungen an Branchensoftware für die Sozialwirtschaft. In: Kreidenweis, Helmut (Hrsg.): Digitaler Wandel in der Sozialwirtschaft (S. 195–204). Baden-Baden: Nomos.

Kreidenweis, Helmut (2020): Sozialinformatik. Digitaler Wandel und IT-Einsatz in sozialen Organisationen (3. Aufl.). Baden-Baden: Nomos.

Krotz, Friedrich (2012): Von der Entdeckung der Zentralperspektive zur Augmented Reality: Wie Mediatisierung funktioniert. In: Krotz, Friedrich & Hepp, Andreas (Hrsg.): Mediatisierte Welten: Beschreibungsansätze und Forschungsfelder (S. 27–58). Wiesbaden: VS.

Krotz, Friedrich (2020): Mediatisierung als Konzept für eine Analyse von Sozialer Arbeit im Wandel. In: Kutscher, Nadia, Seelmeyer, Udo, Siller, Friederike, Tillmann, Angela & Zorn, Isabel (Hrsg.): Handbuch Soziale Arbeit und Digitalisierung (S. 30–41). Weinheim: Beltz Juventa.

Kühne, Stefan (2009): Institutionalisierung von Online-Beratung – das Ende der Pionierphase. e-beratungsjournal.net 5 (2), Art. 4. Unter: https://www.e-beratungsjournal.net/ausgabe_0209/kuehne.pdf, Zugriff am 02.09.2022.

Kühne, Stefan (2021): Onlineberatung – ein Setting mit Folgen. In: Bundesinstitut für Erwachsenenbildung (bibef) (Hrsg.): Zukunftsfeld Bildungs- und Berufsberatung VI. Komplexität abbilden und gestalten: Was haben wir im Blick? (S. 79–88). Bielefeld: wbv.

Kühne, Stefan & Hintenberger, Gerhard (Hrsg.) (2009): Handbuch Online-Beratung. Psychosoziale Beratung im Internet. Göttingen: Vandenhoeck & Ruprecht.

Kühne, Stefan & Hintenberger, Gerhard (2020): Onlineberatung und -therapie in Zeiten der Krise. Ein Überblick. e-beratungsjournal.net 16 (1), Art. 3. Unter: https://www.e-beratungsjournal.net/wp-content/uploads/2020/03/kuehne_hintenberger.pdf, Zugriff am 02.09.2022.

Kutscher, Nadja (2014): Apps, Facebook, Onlineberatung ... Soziale Arbeit goes digital. In: Sozial Extra 38 (4), 39–41.

Kutscher, Nadja & Iske, Stefan (2021): Diskussionsfelder der Medienpädagogik: Medien und soziale Ungleichheit. In: Sander, Uwe, von Gross, Friederike & Hugger, Kai-Uwe (Hrsg.): Handbuch Medienpädagogik (S. 1–12). Wiesbaden: Springer. Unter: https://doi.org/10.1007/978-3-658-25090-4_80-1, Zugriff am 02.09.2022.

Kutscher, Nadja, Ley, Thomas & Seelmeyer, Udo (Hrsg.) (2015): Mediatisierung (in) der Sozialen Arbeit. Grundlagen der Sozialen Arbeit. Bd. 38. Baltmannsweiler: Schneider Hohengehren.

Kutscher, Nadja, Ley, Thomas, Seelmeyer, Udo, Siller, Friederike, Tillmann, Angela & Zorn, Isabel (Hrsg.) (2020): Handbuch Soziale Arbeit und Digitalisierung. Weinheim, Basel: Beltz Juventa.

Latzer, Michael, Büchi, Moritz, Kappeler, Kiran & Festic, Noemi (2021): Internetverbreitung und digitale Bruchlinien in der Schweiz 2021. Themenbericht aus dem World Internet Project – Switzerland 2021. Universität Zürich. Unter: http://mediachange.ch/research/wip-ch-2021, Zugriff am 08.08.2022.

Lehmann, Robert, Albrecht, Jens, Domes, Michael, Petrlic, Ronald, Bradl, Marion, Burghardt, Jennifer, Kiener, Dagmar, Stieler, Mara, Widerhold, Jean-Pierre & Zauter, Sigrid (2022): Gutachten über die Einsatzmöglichkeiten von Künstlicher-Intelligenz-Software in aufsuchenden, digitalen Angeboten der Migrationsberatung. Unter: https://minor-kontor.de/wp-content/uploads/2022/05/Minor_Fem. OS_Gutachten_Kuenstliche_Inteligenz_in_der_Migrationsberatung_2021.pdf, Zugriff am 19.09.2022

Lindauer, Ursula (2003): Online-Therapie mit Webcam und MIMMIs. Ergebnisse des Forschungsprojekts »www.screentherapy.de«. In: Etzersdorfer, Elmar, Fiedler, Georg & Witte, Michael (Hrsg.): Neue Medien und Suizidalität. Gefahren und Interventionsmöglichkeiten (S. 195–211). Göttingen: Vandenhoeck & Ruprecht.

Meier, Larissa & Schaub, Michael (2016): Evaluation des Pilotprojekts SafeZone.ch anhand definierter Leistungskriterien und der Zufriedenheit beteiligter Institutionen. Schlussbericht für das Bundesamt für Gesundheit. ISGF. Unter: https://www.infodrog.ch/files/content/safezone_de/maier_schaub_evaluation-pilotprojekt-safezone.ch_isgf_juni2016.pdf, Zugriff am 08.07.2022.

Mundelsee, Lukas (2021): The New Normal? Blended-Konzepte in der systemischen Beratung an Beispielen mit dem »Coachingspace«. Zeitschrift für Systemische Therapie und Beratung 39 (4), 151–158.

Petrlic, Ronald & Sorge, Christoph (2017): Datenschutz: Einführung in technischen Datenschutz, Datenschutzrecht und angewandte Kryptographie. Wiesbaden: Springer Vieweg.

Petzold, Matthias (2006): Psychologische Aspekte der Online-Kommunikation. In: e-beratungsjournal.net 2 (2), Art. 6. Unter: https://www.e-beratungsjournal.net/ausgabe_0206/petzold.pdf, Zugriff am 19.07.2022.

Pichler, Karl-Heinz (2014): Think-mobile-beeinflusst auch das Beratungsgeschäft. Interview mit Reto Eugster. Unter: https://www.ictk.ch/inhalt/think-mobile-beeinflusst-auch-das-beratungsgeschäft, Zugriff am 19.07.2022.

Reindl, Richard (2015): Psychosoziale Onlineberatung – von der praktischen zur geprüften Qualität. In: e-beratungsjournal.net 11 (1), 55–68. Unter: https://www.e-beratungsjournal.net/ausgabe_0115/reindl.pdf, Zugriff am 26.07.2022.

Reindl, Richard (2018): Zum Stand der Onlineberatung in Zeiten der Digitalisierung. In: e-beratungsjournal.net 14 (1), 16–26. Unter: https://www.e-beratungsjournal.net/wp-content/uploads/2018/03/reindl.pdf, Zugriff am 28.08.2022.

Risau, Petra (2009): Die Wahl der Technik. Standards und Anforderungen an technische Lösungen zur Online-Beratung. In: Kühne, Stefan & Hintenberger, Gerhard (Hrsg.): Handbuch Online-Beratung (S. 201–211). Göttingen: Vandenhoeck & Ruprecht.

Risau, Petra (2019): Technische Anforderungen und Rahmenbedingungen in der Online-Beratung. In: Supervision 37 (1), 10–16.

Risau, Petra & Riesenbeck, Georg (2011): Virtuelle Beratungsräume – Multimedia Tools und interaktive Elemente in der Online-Beratung. In: e-beratungsjournal.net 7 (1), Art. 2. Unter: https://www.e-beratungsjournal.net/ausgabe_0111/risau_riesenbeck.pdf, Zugriff am 26.07.2022.

Rosenkranz, Simon (2022): Digitalisierung in der Beratung von Überschuldeten. In: Mattes, Christoph, Rosenkranz, Simon & Witte, Matthias D. (Hrsg.): Das Soziale in der Schuldenberatung (S. 99–113). Baltmannsweiler: Schneider Hohengehren.

Sauer, Jürgen, Sonderegger, Andreas & Schmutz, Sven (2020): Usability, User Experience and Accessibility: towards an Integrative Model. In: Ergonomics 63 (10), 1207–1220. Unter: https://www.tandfonline.com/doi/full/10.1080/00140139.2020.1774080, Zugriff am 05.09.2022.

Schmalwieser, Susanne, Jesser, Andrea, Mägde, Anna-Lena, Schrank, Beate & Böckle, Markus (2022): open2chat – eine digitale Peer-to-Peer-Begleitung für Jugendliche. Theoretische Zugänge und praktische Lösungen. In: e-beratungsjournal.net 18 (1), 66–77. Unter: https://www.e-beratungsjournal.net/wp-content/uploads/2022/06/schmalwieser_et_al.pdf, Zugriff am 05.09.2022.

Silfverberg, Minnie (2020): Welche Chancen und Risiken ergeben sich durch den Einsatz videogestützter Kommunikationstechniken in der Berufs-, Studien- und Laufbahnberatung aus Sicht von Beratungspersonen bei ask! In: e-beratungsjournal.net 16 (1), 1–15. Unter: https://www.e-beratungsjournal.net/wp-content/uploads/2020/01/silfverberg.pdf, Zugriff am 26.07.2022.

Silfverberg, Minnie, Hörmann, Martina & Tschopp, Dominik (2022): Tools für eine digitale Sozialberatung. Eine Analyse im Auftrag von Pro Senectute Schweiz. Unveröffentlichter Bericht. Olten: FHNW.

Steiner, Olivier (2015): Widersprüche der Mediatisierung Sozialer Arbeit. In: Kutscher, Nadja, Ley, Thomas & Seelmeyer, Udo (Hrsg.): Mediatisierung (in) der Sozialen Arbeit. Grundlagen der Sozialen Arbeit. Bd. 38 (S. 19–38). Baltmannsweiler: Schneider Hohengehren.

Suler, John (2004): The Online Disinhibition Effect. In: CyberPsychology & Behavior 7 (3), 321–326.

Sümmerer, Christina (2020): Psychotherapie auf Distanz? Spezifika und Implikationen der Arbeit mit Videositzungen. In: Psychotherapeutenjournal 19 (4), 350–356.

Susman, Krista (2022): Die Psychologie des virtuellen Raums. Begegnungsförderung und horizontale Kommunikation. In: Magazin erwachsenenbildung.at. Das Fachmedium für Forschung, Praxis und Diskurs 2022 (44/45), Thema 4, 1–11. Unter: https://erwachsenenbildung.at/magazin/22-44u45/04_susman.pdf, Zugriff am 26.07.2022.

W3C (2022): Introduction to Web Accessibility. Unter: https://www.w3.org/WAI/fundamentals/accessibility-intro/, Zugriff am 05.09.2022.

Waag, Philipp, Schiffhauer, Birte & Seelmeyer, Udo (2020): Chatbots in der Beratung. In: Ursula Bach, Ernst, Gerd, Finking, Gerhard & Zühlke-Robinet, Klaus (Hrsg.): Digitale Transformation: Arbeit in Dienstleistungssystemen (S. 181–192). Baden-Baden: Nomos.

Weinhardt, Marc (2009): E-Mail-Beratung. Eine explorative Studie zu einer neuen Hilfeform in der Sozialen Arbeit. Wiesbaden: VS.

Weiß, Maren, Hildebrand, Anja, Braun-Scharm, Hellmuth, Weckwerth, Klaus, Held, Dagmar & Stemmler, Mark (2020): Werden suizidgefährdete junge Menschen durch Online-Beratung erreicht? Bewertung der Zielgruppenerreichung der [U25]-Online-Suizidprävention. In: Zeitschrift für Kinder- und Jugendpsychiatrie und Psychotherapie 48 (3), 204–214. Unter: https://doi.org/10.1024/1422-4917/a000712, Zugriff am 08.07.2022.

Weiß, Stefanie (2013): Blended Counseling: Zielorientierte Integration der Off- und Onlineberatung. Hamburg: Diplomica.

Weiß, Stefanie & Engelhardt, Emily (2012): Blended Counseling – Neue Herausforderungen für BeraterInnen (und Ratsuchende!). In: e-beratungsjournal.net 8 (1), Art. 5. Unter: https://www.e-beratungsjournal.net/ausgabe_0112/weiss_engelhardt.pdf, Zugriff am 26.07.2022.

Wenger, Etienne, Smith, John D. & White, Nancy (2009): Digital Habitats: Stewarding Technology for Communities. Portland: CPsquare.

Wenzel, Joachim (2006): Qualitätsmanagement mit integriertem Datenschutzmanagement bei Online-Beratung. In: e-beratungsjournal.net 2 (1), Art. 4. Unter: https://www.e-beratungsjournal.net/ausgabe_0106/wenzel.pdf, Zugriff am 02.09.2022.

Wenzel, Joachim (2008): Vom Telefon zum Internet. Onlineberatung der Telefonseelsorge. In: Bauer, Stephanie & Kordy, Hans (Hrsg.): E-Mental-Health. Neue Medien in der psychosozialen Versorgung (S. 89–103). Heidelberg: Springer.

Wenzel, Joachim (2013): Wandel der Beratung durch Neue Medien. Göttingen: V&R Unipress.

Wenzel, Joachim (2015): Mythos Unmittelbarkeit im Face-to-Face-Kontakt – Weiterentwicklung von Beratung und Therapie durch gezielte methodische Nutzung der Medien. In: e-beratungsjournal.net 11 (1), 36–54. Unter: https://www.e-beratungsjournal.net/ausgabe_0115/wenzel.pdf, Zugriff am 26.07.2022.

Wenzel, Joachim (2016a): Anonyme Beratung der Telefonseelsorge im Internet. Nicht-Nachverfolgbarkeit von Beratungskontakten als Ergebnis einer Güterabwägung. In: Hauschildt, Eberhard & Blömeke, Bernd D. (Hrsg.): Telefonseelsorge interdisziplinär (S. 395–407). Göttingen: Vandenhoeck & Ruprecht.

Wenzel, Joachim (2016b): Schweigepflicht in der Arbeit mit Kindern und Jugendlichen. In: Hanswille, Reinert (Hrsg.): Handbuch systemische Kinder- und Jugendlichenpsychotherapie (2., durchges. Aufl., S. 153–160). Göttingen: Vandenhoeck & Ruprecht.

Wenzel, Joachim (2018): Familien im Medienzeitalter. Digitalisierung in der Beratungspraxis. Göttingen: Vandenhoeck & Ruprecht.

Wenzel, Joachim, Jaschke, Stephanie & Engelhardt, Emily (2020): Digitale Beratung in der Krise – Corona fördert Telefon- und Videointerventionen. In: BZgA FORUM Sexualaufklärung und Familienplanung. Schwerpunktthema: Digitale Beratung 22 (2), 6–9. Unter: https://service.bzga.de/pdf.php?id=7dff9b364c432f315d3e7e22faa15c62, Zugriff am 19.07.2022.

Wenzel, Joachim & Jaschke, Stephanie (2023): Systemischer Kinder- und Jugendschutz in digitalen Lebenswelten. Schutzbedarf verändert sich radikal (TEIL 1). In: Averbeck, Birgit, Caby, Filip, Hermans, Björn Enno & Röhrbein, Ansgar (Hrsg.): Kooperation im Kinderschutz. Handbuch für eine systemische Praxis. Göttingen: Vandenhoeck & Ruprecht.

Die Autor*innen

Martina Hörmann, Prof. Dr., Diplom-Pädagogin, systemische Beraterin, lehrt und forscht an der Hochschule für Soziale Arbeit der Fachhochschule Nordwestschweiz in Olten (CH). Sie leitet den Forschungs- und Arbeitsschwerpunkt Blended Counseling (www.blended-counseling.ch) sowie den Master of Advanced Studies Systemisch-lösungsorientierte Kurzzeitberatung und -therapie. Seit 2013 hat sie verschiedene Projekte zu Blended Counseling mit Praxisorganisationen durchgeführt und das Modul »Digital unterwegs in der Beratung« im BA-Studiengang Soziale Arbeit konzipiert und realisiert. Sie ist Beisitzerin im Vorstand der Deutschen Gesellschaft für Beratung und dort zuständig für den Schwerpunkt »Digitalisierung und Beratung«.

Dominik Tschopp, lic. phil. Publizistikwissenschaft, Informatik, Wirtschafts- und Sozialgeschichte, ist wissenschaftlicher Mitarbeiter am Digital Competence Hub im Hochschulzentrum der Hochschule für Soziale Arbeit, Fachhochschule Nordwestschweiz in Muttenz. Seine Arbeitsschwerpunkte sind digitale Medien in der Lehre, digitale Kompetenzen sowie digitale Werkzeuge in der Beratung. Er arbeitet in mehreren Projekten zu Blended Counseling und Digitalisierung in der Sozialen Arbeit.

Joachim Wenzel, Dr. phil., Diplom-Pädagoge, DGSF-Anerkennungen als Lehrender in Systemischer Beratung, Therapie und Supervision, war 1997 bis 2008 Mitglied im Leitungsteam der Telefonseelsorge Mainz-Wiesbaden. 1999 entwickelte er das webbasierte Sicherheitskonzept für Onlineberatung der Telefonseelsorge Deutschland. Von 2007 bis 2014 war er wissenschaftlicher Mitarbeiter am Institut für Erziehungswissenschaft der Universität Mainz. 2013 promovierte er zum Thema »Wandel der Beratung durch Neue Medien«. Seit 1997 ist Joachim Wenzel freiberuflich tätig in eigener Praxis als Dozent und Systemischer Therapeut, Berater und Supervisor und seit 2021 ist er Mitglied der Institutsleitung des ifs – Institut für Systemische Familientherapie, Supervision und Organisationsentwicklung in Essen (www.ifs-essen.de).